QUICKFINDER

W0461891

Eckhard Oberdörfer:
Die Hansestadt Stralsund
Ein Führer durch die Welterbestadt

Fotos: Harry Hardenberg

Kartenmaterial:

Herausgeber, Druck und Gestaltung:
Druck- und Verlagshaus Kruse
Frankenstraße 53
18439 Stralsund
03831-292805
www.mv-druck.de

Papier:
Umschlag: Atlantic 300g/m²
Innenteil: Design Offset brillant-weiß 100g/m²

2. aktualisierte Auflage, Januar 2016
ISBN: 978-3-95872-005-3
Preis: 12,95 €

Printed in Germany

EINLEITUNG

DIE WELTERBESTADT

Stralsund ist eine Stadt vieler Superlative. Sie ist das Tor zu Deutschlands größter Insel Rügen. Der Ort gehört zu den von der UNESCO als Welterbe geadelten Städten. Eines der schönsten mittelalterlichen Rathäuser Europas, stolze Bürgerhäuser und stattliche Backsteinkirchen sowie Klosteranlagen zählen zu den Höhepunkten eines Stralsund-Besuchs. Die Fülle der Ausstattung von St. Nikolai dürfte in Norddeutschland einmalig sein. Großartige Museen illustrieren Geschichte, Gegenwart und Natur. Unvergleichlich ist die Lage zwischen den Teichen und dem Strelasund. Stralsund ist nicht zuletzt eine Stadt mit großer Geschichte. Sie war die größte Ansiedlung des Fürstentums Rügen und eine der bedeutendsten Städte der Hanse, des mächtigsten mittelalterlichen Städtebundes im Heiligen Römischen Reich. Im hiesigen Rathaus wurde 1370 der Stralsunder Frieden geschlossen. Nunmehr sollte kein dänischer König ohne Zustimmung der Hanse den Thron besteigen dürfen. 1628 widerstand Stralsund den Truppen des kaiserlichen Generalissimus Albrecht von Waldstein, genannt Wallenstein, wurde 1720 nach dem Nordischen Krieg „Hauptstadt“ Schwedisch-Pommerns und 1815 nach dem Übergang an Preußen Verwaltungssitz eines eigenen Regierungsbezirks. 1848 avancierte Stralsund zum Geburtsort der ersten gesamtdeutschen Flotte. Die Marinegeschichte ist aber nicht nur auf der vorgelagerten Insel Dänholm mit ihren Gebäuden und Museen sehr präsent. Sie zieht sich durch die gesamte Stadt. Das wiedervereinte Deutschland hat für die architektonische Auferstehung der durch mangelnde Instandhaltung dem Verfall preisgegebenen Altstadt gesorgt. Es gibt viele Gründe Stralsund zu besuchen. Wenigstens einige wollen wir Ihnen in diesem Buch vorstellen.

DIE UNVERGLEICHLICHE LAGE DER STRALSUNDER ALTSTADTINSEL

Der schönste Blick auf Stralsunds Stadtsilhouette bietet sich von Rügen aus. Nur der Strelasund trennt Deutschlands größte Insel von der Stadt. Wie die gesamte norddeutsche Landschaft ist die Entstehung dieses Gewässers eine Folge des Endes der letzten Eiszeit. Vor etwa 13 000 Jahren wichen die Gletscher Richtung Skandinavien zurück und hinterließen Böden verschiedener Qualitäten und jede Menge Steine. Beim Abschmelzen der Eismassen entstand eine hügelige Landschaft mit Wasserläufen, Teichen und Seen. Geologen gehen davon aus, dass sich vor etwa 7 000 Jahren an Stelle des heutigen Strelasunds noch ein Tal mit einem tief eingeschnittenen Flusslauf befand. Dann drang das Meer ein. Auf der Stralsunder Seite ist der Übergang zum Wasser überwiegend flach. Auf Rügen gibt es auch Steilufer.

Der 64 km² große Strelasund, der zu den Boddengewässern gehört, ist durchschnittlich immerhin 4 m tief und bis 2,5 km breit. Als Bodden werden an der Ostsee Lagunen bezeichnet, die nur durch Meeresarme mit der offenen See in Verbindung stehen.

Stralsund entstand auf einer Erhebung, zum Land abgeschirmt durch Sümpfe und Seen. Für die viel gerühmte Lage der Altstadtinsel ist nicht allein der Strelasund im Nordosten verantwortlich. Dafür sorgen auch der Knieperteich im Norden und Westen, der Moorteich westlich der Friedrich-Engels-Straße und südlich des Knieperdamms sowie der durch den Weidendamm und die Karl-Marx-Straße getrennte Kleine und Große Frankenteich im Südwesten und Süden. Die Bezeichnung Damm gilt für alle Stralsunder Straßen, die aus der Altstadt hinausführen. In der Altstadt liegen die Franken-, Knieper- und Tribseer Straße. Daneben folgen als Erinnerung an den früheren Festungscharakter der Stadt Franken- und Knieperwall. Sie bilden den größten Teil des Stadtmauerrings nach. Einen Tribseer Wall gibt es wegen der Länge des Knieperwalls nicht. Es folgen Frankendamm, Tribseer Damm und Knieperdamm, die durch die gleichnamigen Vorstädte führen.

Neben den Altstadt nahen Teichen gibt es auf dem heutigen Stralsunder Stadtgebiet noch den Andershofer und Voigdehäger Teich. Sie liegen in Richtung Greifswald und vervollständigen Stralsunds Seenlandschaft. Mit über 32 ha ist der Knieperteich das größte Binnengewässer am Rande der Altstadtinsel, gefolgt vom Moorteich mit 22 ha, dem Großen Frankenteich mit 19 ha und dem Kleinen Frankenteich mit 11 ha. Sie machen Stralsunds Lage so außergewöhnlich.

S MARIA
RANCKENZINGEL
FRANCKENDOR
HEILGEIST
IL
HEILGEISDOR
LANGENDOR

EINLEITUNG

EINE KLEINE STADTGESCHICHTE

„Eins, Zwei, Drei, Vier – Stralsund ist hier." Mit diesem populären Spruch lässt sich die Verleihung des Lübischen Rechts an die damals Stralow genannte Siedlung durch Wizlaw I., Fürst von Rügen, ganz einfach merken. Mit dem 31. Oktober 1234 wurde die deutsche Handelsniederlassung zu einer Stadt deutschen Rechts. Eine Siedlung gab es am Strelasund aber viel früher. Bei Ausgrabungen nahe dem Hansa-Gymnasium am Sundufer wurden 2002 zwei etwa 7000 Jahre alte Einbäume aus Lindenholz entdeckt. Bei ihnen handelte es sich um die ältesten erhaltenen Boote im Ostseeraum. Ein dritter, etwa 6000 Jahre alter Einbaum galt mit seinen 12 m als das vermutlich längste bekannte Wasserfahrzeug seiner Zeit. Durch unsachgemäße Lagerung im zuständigen Landesamt und nicht fachgerechte Konservierung zerfielen sie bedauerlicherweise. Die Einbäume waren Teil eines Siedlungsplatzes der Jungsteinzeit, der vermutlich bei einer Sturmflut zerstört wurde. Das heutige Stralsund entstand in der Nähe des slawischen Fischerdorfes Stralow, das wohl seit dem 10. Jahrhundert bestand. Kurz nach 1200 kamen erste Siedler aus Flandern, vom Niederrhein, aus Westfalen und dem heutigen Schleswig-Holstein an die schmalste Stelle des Strelasunds. Hier kreuzten sich alte Handelsstraßen. Diese Siedler gründeten die deutsche Handelsniederlassung gleichen Namens. Die von Slawen besiedelte Insel Strale (heute Dänholm) im Sund bot zusätzlich natürlichen Schutz vor Feinden. Erst 1168 war die Insel Rügen von den Dänen erobert und dem Christentum zugeführt worden. Waldemar I. hatte die Tempelburg mit dem Swantovit-Heiligtum von Kap Arkona zerstören lassen. Rügen wurde so zu einem Teil seines Reiches, das verwaltet werden wollte. Er setzte den besiegten Slawenfürsten aus dem Geschlecht der Ranen als Fürsten von Rügen ein. So wurde der ehemalige Slawenherrscher zu einem Gefolgsmann des dänischen Königs. Er empfing aus dessen Händen das Fürstentum Rügen neu. Dieses bestand aber 1234 nicht nur aus der Insel und dem Festland rund um die neue Stadt herum, sondern reichte bis an die Recknitz im Westen und die Trebel im Süden bis kurz vor Greifswald. Reiche Heringsbestände waren eine wichtige Grundlage für einen geradezu rasanten Aufstieg der Siedlung auf der etwa 48 ha großen heutigen Altstadtinsel. Erst ab 1240 taucht der Name Stralessunt – also Stralsund – für die Stadt am Sund auf. Und die „Stralsunder" waren außerordentlich erfolgreich. Insbesondere im Handel mit Tuchen nahmen sie eine Sonderstellung unter den Kaufleuten der Ostseestädte ein. Ebenso die Einfuhr von beispielsweise Fischen, Erzen, Fellen sowie die Ausfuhr von Agrarprodukten und Bier waren Quellen des rasch wachsenden Reichtums der hiesigen Kaufleute. Auch das Handwerk erhielt durch die Bedürfnisse des Seehandels entscheidende Impulse. Von der Kraft der jungen Stadt zeugt die Legende um die Entstehung der Rathausfassade. Sie hätte ihre Finanzierung dem Sieg der Stralsunder Bürger in der Schlacht im Hainholz (Bereich um die heutige Hainholzstraße) gegen die Vorhut einer Fürstenkoalition unter dänischem Befehl im Jahre 1316 zu verdanken. Dass nicht nur Bürger zum Stralsunder Aufgebot zählten, sondern auch Rügener Adlige, die in der Stadt ihre Logis hatten, wird heute meistens verschwiegen.

Nachdem 1325 der letzte männliche Spross der Rügenfürsten, Wizlaw III., starb, kam es zum Erbfolgestreit um das Fürstentum. Bei diesen kriegerischen Auseinandersetzungen zwischen den Herzögen von Mecklenburg und denen von Pommern konnte sich das pommersche Herrschergeschlecht der Greifen durchsetzen. Zu diesem Zeitpunkt hatte sich bereits ein Bündnis der Städte Lübeck, Wismar, Rostock, Stralsund und Greifswald herausgebildet. Schon seit 1293 sicherten sich diese Städte per Vertrag gegenseitigen Beistand zu Wasser und zu Land zu. Das war ein wichtiger Schritt bei der Herausbildung der mächtigen Hanse. In ihrer Blütezeit gehörten nahezu 300 Kommunen an der See und im Binnenland der Hanse an. Nach Lübeck war Stralsund die Nummer Zwei im südlichen Ostseeraum, später auch Wendisches Quartier genannt. Bis zu 300 Schiffe segelten unter Sundischer Flagge. In den 1340er Jahren wurde die 10 000-Einwohner-Grenze in Stralsund überschritten. Das war für jene Zeit sehr viel. Zwischen der Mitte des 14. und 15. Jahrhunderts war die Hanse eine europäische Großmacht. Mittelniederdeutsch wurde durch sie zu einer Art „Lingua Franca" oder Verkehrssprache des Mittelalters in Nordeuropa.

Dass Stralsund im Hansebund des Ostseeraums eine bedeutende Stellung zukam, belegt der Friedensschluss zwischen dem Städtebund und dem Königreich Dänemark von 1370. Der Friedensvertrag wurde in Stralsund, im hiesigen Rathaus, am 24. Mai unterzeichnet. Die Wahl war auf Stralsund gefallen, da einer der herausragendsten Diplomaten seiner Zeit der Stralsunder Bürgermeister Bertram Wulflam war. Ihm und dem Lübecker Stadtoberhaupt Johann Pleskow verdankte die Hanse überhaupt erst diesen Triumph. Pleskow und Wulflam hatten ihre weitreichenden Handelskontakte überlegt und geschickt für die Sache der Hanse nutzen können. Sie konnten genügend finanzielle und militärische Schlagkraft gegen die Seemacht Dänemark aufbringen. Es war – so könnte heute gemutmaßt werden – eine Art Verneigung vor Stralsund und seinem Bürgermeister hier den Frieden unterzeichnen zu lassen. Der bei Weitem demütigendste Passus im Vertrag betraf den dänischen Thron. Waldemars Nachfolger durfte ab 1370 nur mit vorheriger Zustimmung des Städtebundes diesen besteigen. Aber Wulflams Einfluss kam nicht von ungefähr. Stralsunds Kaufleute waren sehr wohlhabend. Das Handelsvolumen der Sundstadt übertraf das Rostocks um das Dreieinhalbfache. Nichtsdestotrotz waren die Stadtkassen immer leer.

Bürgermeister Wulflam selbst brachte es zu großem Reichtum. Er besaß mehrere Grundstücke in der Stadt und mehrere Dörfer im Umland. Er machte sich aber auch viele Feinde. 1391 stürzten ihn seine Gegner mit dem Vorwurf städtische Gelder unterschlagen zu haben. Wulflam floh. Unter dem neuen Bürgermeister Karsten Sarnow wurde eine stärkere Beteiligung der Bürgerschaft und mit dieser der Ämter (Zünfte), also der Handwerker, am zuvor allein von den Großkaufleuten beherrschten Stadtregiment eingeführt. Sarnow konnte sich aber nur bis 1393 halten. Intrigen von Seiten der Wulflamschen Partei und durch Druck von Lübeck, wo Wulflam Anklage gegen Sarnow und die Stadt erheben ließ, wurde er zum Tode durchs Schwert verurteilt. Die Begründung: Sarnow habe gegen die Interessen der Stadt gehandelt und die des Rates verraten. Die Wulflams kehrten aus dem Lübecker Exil zurück. Bertrams Sohn Wulf Wulflam, ab 1397 ebenfalls Bürgermeister, galt um 1400 als reichster Mann im Ostseeraum. Er unterhielt nicht nur enge Beziehungen zur Königin Margarethe I. von Dänemark, sondern auch zu Herzog Albrecht III. von Mecklenburg (bis 1389 König von Schweden). Wulf Wulflam wurde 1409 in Bergen auf Rügen auf dem dortigen Kirchhof ermordet. Der Konflikt mit dem dänischen Königreich brach 17 Jahre nach seinem gewaltsamen Tod wieder offen aus. 1426 provozierte der Erik VII. von Dänemark die Hanse durch den Erlass von Handelsbeschränkungen. Im Krieg der wendischen Hansestädte gegen den skandinavischen Herrscher konnte Stralsund unter seinem Bürgermeister Nikolaus von der Lippe 1429 bei der Insel Strale das Blatt wenden. Die Dänen erlitten eine verheerende Niederlage und die Insel Strale wurde in Dänholm umbenannt.

Aus wirtschaftlicher Sicht war das 15. Jahrhundert eine Zeit der Blüte für Stralsund. Auf mehr als zehn Werften wurden Schiffe gebaut. Mitte des 15. Jahrhunderts galten 350 Stralsunder Kaufleute als Fernhändler. Davon gehörte die Hälfte der mächtigen Gewandschneider-Compagnie an. Geschneidert haben deren

Mitglieder selbst nicht. Sie handelten mit allerlei Tuchen, aber auch großen Mengen anderer Waren wie Pelze, Felle, Wachs, Honig, Holz, Getreide, Bier und Fisch, um nur einiges aus dem Sortiment zu nennen. Sogenannte Vollbürger waren nur Kaufleute, Handwerksmeister und Schiffer.

Anfang des 16. Jahrhunderts galt Stralsund noch immer als eine mächtige und reiche Stadt. Früh setzte sich am Sund die Lehre des Reformators Martin Luther durch. 1525 beauftragte der Rat den Theologen Johannes Aepinus mit der Ausarbeitung der ersten evangelischen Kirchenordnung überhaupt. Sie wurde im November des gleichen Jahres fertiggestellt und maßgeblich. Erst 1534 beschloss der Landtag in Treptow an der Rega die Einführung der Reformation im Herzogtum Pommern. Ein weiteres Jahr später wurde erst die pommersche Kirchenordnung verabschiedet. Die Hanse spielte zu dieser Zeit eine immer geringere Rolle. Stralsund setzte auch deshalb zunehmend auf Schweden als Partner. Diese Entwicklung gipfelte 1627 während des Dreißigjährigen Krieges in der Unterzeichnung eines Allianzvertrages mit der damaligen Ostseegroßmacht durch Bürgermeister Lambert Steinwich. So konnte Stralsund mit Unterstützung dänischer und schwedischer Truppen der Belagerung durch Truppen des kaiserlichen Generalissimus Wallenstein von Mai bis Juli des folgenden Jahres widerstehen. Der Preis für das Bündnis war hoch. Stralsund verzichtete mit Unterzeichnung des Allianzvertrages auf seine faktische Unabhängigkeit. Die Stadt stellte sich gegen den eigenen Landesherrn, den Herzog von Pommern, und musste auf Geheiß des schwedischen Königs Gustav II. Adolf eine Garnison aufnehmen. Das hatte Stralsund den Kaiserlichen zuvor verweigert. Diese Weigerung war der eigentliche Grund für die Belagerung der Stadt. Zudem ließ sich der Schwedenkönig seine Hilfestellung großzügig entlohnen. 100 000 Reichstaler musste Stralsund aufbringen. Wallenstein hatte 30 000 verlangt, um Stralsund die Garnison und die Belagerung zu ersparen. Sieben Jahre später (1637) starben die

Greifen im Mannesstamm aus. Laut Erbvertrag hätten nun die Brandenburger das Erbe „Pommern“ antreten sollen. Dazu kam es nicht. Durch den Westfälischen Frieden von 1648 wurden die schwedischen Könige pommersche Herzöge und herrschten nun über den westlichen Teil des Landes am Meer (Vorpommern). Nur der östliche Teil (Hinterpommern) fiel an Brandenburg.

Im Großen Nordischen Krieg (1700–1720/21) wurde Stralsund 1715 monatelang von dänischen, preußischen und sächsischen Truppen belagert. Karl XII. nahm die Verteidigung persönlich in die Hand, doch musste im Dezember des Jahres fliehen. Auf den Fall der Festung folgten fünf Jahre unter dänischer Herrschaft. Nach dem Frieden von Frederiksborg (1720) war Stralsund bis 1815 Hauptstadt des auf die Gebiete nördlich der Peene geschrumpften Schwedisch-Pommern. Die Sundstadt war nicht nur Regierungssitz, sondern auch der bedeutendste Gewerbestandort der Provinz. Im Vergleich zu anderen Seestädten fiel Stralsund allerdings zurück. Eine Ursache war das vergleichsweise kleine Hinterland. Andererseits blieb Vorpommern nach dem Ende der schwedischen Großmachtzeit weitestgehend von kriegerischen Auseinandersetzungen verschont, obwohl die Folgen nicht spurlos an der Stadt vorbeigingen.

Ab 1806 änderte sich das. Da sich Schweden klar gegen Napoléon stellte, rückte Stralsund ins Interesse des Franzosen. Von 1807 bis 1810 und noch einmal in den Jahren 1812/13 besetzten die Truppen des Korsen die Stadt. Diesen folgten nochmals die Schweden als Teil der siegreichen antinapoleonischen Allianz. In diese Zeit gehört der Tod Ferdinands von Schill im Jahre 1809. Dieses Ereignis ist bis heute im Geschichtsbild der Hansestädter präsent. Der preußische Husarenmajor führte eine Rebellion gegen Napoléon und scheiterte.

Als Ergebnis der Verhandlungen des Wiener Kongresses wurde 1815 auch der letzte Teil Vorpommerns (Neuvorpommern) preußisch. Stralsund wurde 1818 mit seinen rund 13000 Einwohnern Verwaltungssitz und Namensgeber eines neuen preußischen Regierungsbezirkes. 1874 erlangte die Stadt die Kreisfreiheit. Erst ein Jahr zuvor war der Festungscharakter aufgehoben worden.

Jahrzehntelang blühte der Schiffbau. Die Segelschifffahrt erreichte eine enorme Bedeutung. 1878 hatten 219 Schiffe Stralsund als Heimathafen. Eine ganze Reihe von Gewerbebetrieben entstand. Wichtige Impulse für die Entwicklung gab 1863 der Anschluss ans Eisenbahnnetz Richtung Berlin. Weit über Vorpommern hinausgehende Ideen entwickelten die Gebrüder Abraham und Theodor Wertheim. Sie begannen 1852 mit einem kleinen Laden in der Wasserstraße 14. Das war die Keimzelle eines späteren Weltunternehmens. Auch Leonhard Tietz eröffnete 1879 in Stralsund einen Laden, aus dem sich später der Kaufhof-Konzern entwickelte. Die Sundstadt erlebte ab der Mitte des 19. Jahrhunderts einen beeindruckenden Aufschwung, besonders nach 1871, nach der Gründung des Deutschen Reiches, beim Ausbau der Infrastruktur und des Schulwesens. Die backsteinsichtigen Schulen sind bis heute Zeugen der Investitionen in das Bildungswesen. 1854 wurde das erste deutsche Seekabel durch den Strelasund verlegt, ab 1894 konnte jeder Stralsunder Gas als Brennstoff erwerben, ab 1899 gab es auch für Privathaushalte elektrisches Licht und ab 1900 fuhr die erste Straßenbahn, um nur einige Beispiele zu nennen. Mit dem Niedergang der Segelschifffahrt Ende des 19. Jahrhunderts sank allerdings die Bedeutung der Stadt als Heimathafen von Wasserfahrzeugen erheblich. Schiffe dieser Art wurden kaum noch gebaut.

An der Wende vom 19. zum 20. Jahrhundert zählte Stralsund 31 000 Einwohner. Besonders in der Franken-, Knieper- und Tribseer Vorstadt wurde gebaut, um der wachsenden Bevölkerung Herr zu werden. Nachhaltige Impulse für die Entwicklung Stralsunds als Standort der Gesundheitswirtschaft gab der Bau der IV. Pommerschen Heil- und Pflegeanstalt für psychisch Kranke an der Rostocker Chaussee von 1909 bis 1912. Zwei Jahre später begann der Erste Weltkrieg. Er kostete über 1 000 Stralsunder Soldaten das Leben. Nach dem Ende dieses Völkermordens wurde im März 1919 in der Hansestadt gewählt. Die bürgerlichen Parteien erreichten mit 27 Sitzen die Mehrheit im Bürgerschaftlichen Kollegium, dem Stadtparlament. Mit 17 Sitzen stellte die SPD die stärkste Fraktion. Während der Weimarer Republik verschoben sich die politischen Gewichte nach rechts. Die Einwohnerzahl stieg im Jahr 1933 weiter auf über 43 000. Dazu trug die Eingemeindung von Andershof, Devin, Grünhufe, Lüssow, Freienlande und Voigdehagen im Jahre 1928 bei.

Die wirtschaftliche Lage war schwierig. Der Hafen verlor an Bedeutung. Die Weltwirtschaftskrise verschärfte die Probleme und auch in Stralsund avancierte die NSDAP zur stärksten Partei. Nach der sogenannten Machtergreifung Adolf Hitlers am 30. Januar 1933 begann die systematische und mit den Jahren zunehmende Verfolgung all derer, die nicht in das nationalsozialistische Weltbild passten. Die Firmen Wertheim und Tietz wurden arisiert, denn ihre Besitzer waren Juden. Tietz verkaufte bereits 1934 auf enormen Druck hin sein Unternehmen. Es existierte unter dem Namen Westdeutsche Kaufhaus AG weiter (heute: GALERIA Kaufhof GmbH). Der Wertheim-Konzern erhielt 1938 den neuen Namen AWAG (Allgemeine Warenhaus Gesellschaft AG). In der Reichspogromnacht vom 9. zum 10. November brannte die Stralsunder Synagoge. 1939 gab es in der Hansestadt keine Betriebe mehr, die Juden gehörten. Im gleichen Jahr übernahm Pommern eine traurige Vorreiterrolle. Knapp 1300 Patienten der Stralsunder Heil- und Pflegeanstalt wurden auf Geheiß des pommerschen Gauleiters Franz Schwede mit dem Zug in die Nähe von Danzig gebracht und dort in einem Waldstück getötet. Es war die erste Aktion dieser Art in Deutschland. Die Gebäude der Stralsunder Anstalt übernahm die Waffen-SS. Auch die erste Massendeportation von Juden aus dem Deutschen Reich begann im Februar 1940 in Pommern. Vier Jahre später erreichte das Grauen des Zweiten Weltkriegs Stralsund. Beim Bombenangriff vom 6. Oktober 1944 starben um die 800 Menschen, etwa 15% der historischen Bausubstanz wurden zerstört. Nicht einmal ein Jahr später, am 1. Mai 1945, zog die Rote Armee in Stralsund ein. Die Stadt wurde Teil der Sowjetischen Besatzungszone, aus der am 7. Oktober 1949 die DDR hervorging. Unter der Obhut der Besatzungsmacht änderten sich die Machtverhältnisse rasch zugunsten der 1946 durch Zusammenschluss von KPD und SPD entstandenen SED (Sozialistische Einheitspartei Deutschland). Schon 1945 fand eine Bodenreform statt, die Stralsund als Besitzer umfangreicher Ländereien hart traf. So wurden die Güter Freienlande, Grünhufe, Grünthal, Andershof sowie die Besitzungen des ehemaligen Heilgeistspitals/-klosters Devin und Voigdehagen aufgeteilt. 29 Betriebe wurden enteignet. Sie wurden ins sogenannte Volkseigentum überführt. Bis 1972 gab es vereinzelt noch eine Reihe privater oder halbstaatlicher Unternehmen. Nur wenige konnten sich bis in die Schlussphase der DDR halten.

Von größter Bedeutung für die Entwicklung Stralsunds war aber das Jahr 1948. Die Sowjetische Militäradministration in Deutschland gab den Befehl zum Aufbau der Volkswerft. Sie erlangte als Großproduzent von Fischereifahrzeugen besonders für die Sowjetunion enorme wirtschaftliche Bedeutung. Stralsund war nun Teil des neuen Landes Mecklenburg-Vorpommern und ab 1952 des Küstenbezirks Rostock. Die Stadt wuchs. Ende 1962 zählte Stralsund bereits 67000 Einwohner. 1964 erfolgte der erste Spatenstich für das erste große Plattenbaugebiet: Knieper West. In der DDR wurden die historischen Gebäude vernachlässigt, immer mehr Häuser der Innenstadt verfielen. Anders als im benachbarten Greifswald gab es keinen Flächenabriss. Stattdessen wurde gewartet, bis die Zeit den „Abriss“ erledigte.

Das Jahr 1989 brachte einschneidende Veränderungen. Am 18. Oktober, dem Tag an dem SED-Chef Erich Honecker zurücktrat, wurde in Stralsund die erste Gruppe der SPD (der DDR) der drei Nordbezirke Schwerin, Neubrandenburg und Rostock gegründet.

Fünf Tage später kamen bereits 6000 Menschen in die Marienkirche zum Friedensgebet. Auf dem Olof-Palme-Platz versammelten sich am 5. November 1989 etwa 10000 Bürger. Mit der Gründung des Bürgerkomitees „Rettet die Altstadt" Ende November desselben Jahres wurden die Weichen für die Sanierung der vernachlässigten Gebäude gestellt. Der erste Vorsitzende dieses noch heute aktiven Komitees war der ehemaligen Archivdirektor Herbert Ewe. Am 1. Dezember 1989 verfügte die Bürgerschaft einen generellen Abrissstopp. Schon 1990 avancierte die Hansestadt zu einer von fünf Modellstädten der Städtebauförderung. Doch windige Investoren und ungeklärte Eigentumsverhältnisse sorgten anfangs für große Probleme und verzögerten so die Sanierung.

„Der Verfall geht weiter", hieß es in den Zeitungen noch Mitte der 1990er Jahre. Spektakulär war der Fall des Berliner Immobilienunternehmers Gustav Sommer, dem Chef der Firma Weyland & Quast. Er erwarb etwa 80 Häuser, sanierte sie aber nicht. 1997 gingen er und seine Firmen pleite. Der Gerichtsstreit um die Insolvenzmasse zog sich bis 2011 hin. Da waren aber die anfänglichen Schwierigkeiten bereits gemeistert. Bis 2012 wurden rund 240 Millionen Euro in die Altstadt investiert. Im Juni jenes Jahres waren 75% der 523 Einzeldenkmale der Stadt saniert. Von einst über 300 Sorgenkindern des Bürgerkomitees „Rettet die Altstadt" waren im Jahre 2014 noch 17 übrig. Bereits 2002 erhob die UNESCO Stralsund gemeinsam mit Wismar zum Welterbe, speziell zum Weltkulturerbe.

Die Wende brachte allerdings auch die Schließung vieler Betriebe, beispielsweise der Molkerei, der Zuckerfabrik, des Blechpackungswerks oder der Essig- und Konserven-Fabrik. Hohe Arbeitslosigkeit folgte. Viele Stralsunder verließen ihre Heimatstadt. Sie zogen entweder der Arbeit nach oder ins Umland. Gegenüber dem Wendejahr verlor die Stadt 18500 ihrer 75000 Einwohner. Seit 2011 ist Stralsund keine kreisfreie Stadt mehr. Stattdessen ist sie nun Hauptstadt des Kreises Vorpommern-Rügen.

TOUREN

TOUR A

Sie starten auf dem Alten Markt. Über die Mühlenstraße gehen Sie bis zur Kreuzung mit der Heilgeiststraße, folgen dann dem Bielkenhagen in die Mönchstraße. Sie passieren das Katharinenkloster und laufen über den Katharinenberg und die Tribseer Straße zum Neuen Markt. Diesen überqueren Sie und gelangen über die Mönchstraße wieder zurück zum Alten Markt.

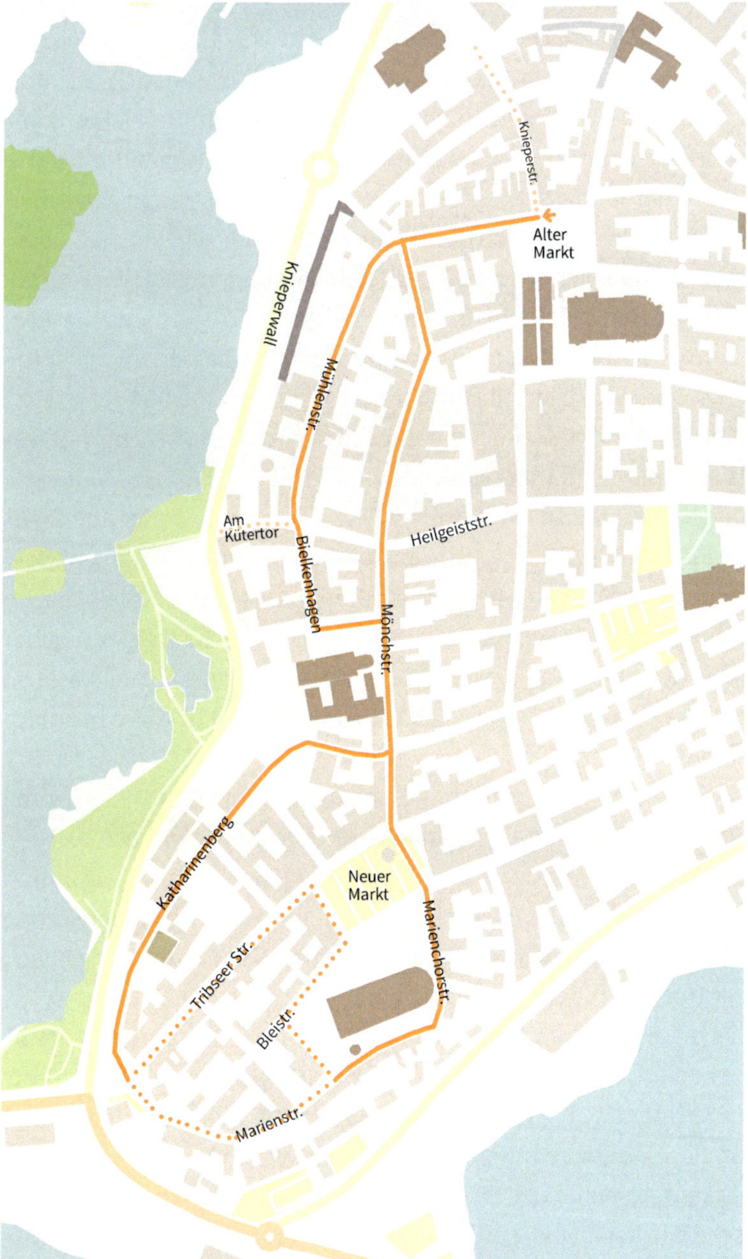

Kniepersstr.
Alter
Markt
Knieperwall
Mühlenstr.
Am
Kütertor
Bielkenhagen
Heilgeiststr.
Mönchstr.
Katharinenberg
Neuer
Markt
Marienchorstr.
Tribseer Str.
Bleistr.
Marienstr.

Der **Alte Markt** ist Ihr Startpunkt. Erst 2013 wurden die Sanierungsarbeiten beendet. Die Kosten beliefen sich auf drei Millionen Euro. Eine zeitweise mit Wasser gefüllte Fläche samt sporadisch auftauchender Fontäne erinnert seither auf moderne Weise daran, dass es auf dem Alten Markt einst nicht nur einen Brunnen, sondern auch einen Feuerwehrteich gegeben hat. Letzterer befand sich genau an der Stelle der temporären Wasserfläche, während sich der Brunnen auf der Westseite des Marktes stand. Die Installation ist nicht nur beliebt. Lästerzungen sprechen von einem ständigen Wasserrohrbruch. 300 000 Euro wurden für die Wasserfläche veranschlagt, deren Idee eng mit der Wasserbezogenheit Stralsunds verknüpft ist. Ebbe und Flut werden im Stundenrhythmus illustriert. Das Wasser steigt und fließt wieder zurück. Zu bestimmten Zeiten sprudelt es vergleichsweise hoch und weniger hoch. Die Schöpfer des Wasserspiels möchten an einen Wal erinnern, der an die Oberfläche steigt und über sein Atemloch das Wasser in einer hohen Fontäne ausbläst. So treffen sich auf dem Alten Markt Moderne und Historie in gutem Einvernehmen.

Der Alte Markt ist ein geschichtsträchtiger Ort. Hier wurde schon im Mittelalter gehandelt. Im ältesten Stadtbuch werden drei Schuster- und mehrere Krämerbuden erwähnt. Es gab hier Verkaufsstände der Bäcker, Haaken (Kaufleute, die minderwertige Waren anboten), Fleischer, Gewandschneider, Pelzer (Kürschner), Gärtner, Fischer und Höpfner (bauten Hopfen an). An diesem Ort haben die Stralsunder gejubelt, als ihnen 1390 der damalige Ratsherr und spätere Bürgermeister Karsten Sarnow gefangene Piraten präsentierte. 1393 jubelten die gleichen Menschen an gleicher Stelle, als Sarnow mit dem Schwert hingerichtet wurde. Hier kam es zum Aufstand der 48er um mehr Mitspracherecht der Bürgerschaft in Ratsangelegenheiten. Hier schworen sich 1628 die Stralsunder auf den Widerstand gegen die Truppen des kaiserlichen Generalissimus Wallenstein ein. Hier trafen Freud und Leid aufeinander, aber auch Recht und Gesetz auf Unrecht und Gesetzlosigkeit. Noch im 17. Jahrhundert stand an der Ecke Mühlenstraße, die damals „Hinter dem Esel" hieß, eine Art Folterwerkzeug, ein hölzerner Esel mit scharfkantigem Rücken. Darauf musste der Verurteilte so lange sitzen, bis er endlich gestand. Noch bis zum Einzug der Franzosen befand sich in der Mitte des Alten Marktes der sogenannte Kaak, ein weiteres Folterwerkzeug, das in seiner Form dem klassischen Pranger entsprach. Wenn die Stadt im Sommer ihr Wallensteinfest begeht, verwandelt sich der Markt in ein Lager mit Buden und Zelten. Kaum zu glauben, dass auf dem heute so anheimelnd wirkenden Platz bis 2007 geparkt werden durfte. Die Bauten am Platz verkörpern zu Stein gewordene Stadtgeschichte.

An erster Stelle, an der Südseite des Marktes, steht das **Rathaus**, eines der bedeutendsten profanen Bauwerke des gesamten Ostseeraumes. Es handelt sich hier um eine vollständig

unterkellerte Vier-Flügel-Anlage aus dem frühen 14. Jahrhundert. Bereits 1270 wird in alten Unterlagen ein Kophus (Kaufhaus) erwähnt. Neueste Forschungen verorten dieses erste Kophus auf dem Markt vor dem Artushof. Ein „new Kophus" (das heutige Rathaus) entstand ab 1300. Im Erdgeschoss befanden sich 40 Geschäfte. Der 1460 m² große Gewölbekeller ist einer der größten Räume dieser Art, die im mittelalterlichen Ostseeraum entstanden. Anfangs fehlten zwischen Ober- und Untergeschoss die Zwischendecken. Bis 1340 kamen Sitzungsräume für den Rat sowie die Schaufassade hinzu. Jene soll der Legende nach durch Lösegeld finanziert worden sein, welchen die gefangenen Ritter aus der Schlacht im Hainholz (1316) für ihre Freiheit haben zahlen müssen. Im Verlauf der Jahrhunderte musste das Rathaus vielfache Veränderungen überstehen. Mitte des 18. Jahrhunderts wurde die Schaufassade im Stile des Barock verputzt. Wodurch das Rathaus als gotisches Bauwerk gerettet wurde. Denn die zweite Option wäre damals Abriss und Neubau gewesen. Das heutige Bild des Rathauses am Alten Markt wird nicht zuletzt von

die durch Ernst von Haselberg ab 1881 vorgenommene Rekonstruktion bestimmt. Die neugotische Backsteinschauwand wurde vor die ältere Fassade gesetzt. Deren Zustand war nach Entfernen der barocken Putzschicht so hässlich, dass von Haselberg sich für die Rekonstruktion entschied. Er ließ Sternscheiben in die Giebelöffnungen einfügen und über die Fenster des Löwenschen Saals die Wappen von Hansestädten anbringen. Es sind insgesamt acht Wappen. Beeindruckend ist der **Rathausgang**, der von der hölzernen barocken Galerie dominiert wird. Diese wurde nach dem schweren Stadtbrand von 1680 eingebaut, der auch das Rathaus nicht unbeschadet ließ. In einer Nische an der Westseite steht seit 1930 die Büste Gustavs II. Adolf, König von Schweden, und erinnert an dessen Aufenthalt in Stralsund 300 Jahre zuvor. Er forderte damals die gewaltige Summe von 100 000 Reichstaler für seine militärische Hilfestellung von 1628. Wenn Sie durch den Buttergang nach Westen Richtung Ravensberger Straße gehen und dann die Westseite des Gebäudes betrachten, sehen Sie den sogenannten **Barock-Risalit** mit einem kunstvoll gestalteten Wappen Stralsunds aus der Schwedenzeit. Hier fällt Ihr Blick auch auf das barocke Prunkportal von St. Nikolai. Das Innere des Rathauses wie der Löwensche Saal, zu dem man über eine Renaissancetreppe gelangen kann, ist kulturhistorisch interessant. Teile der großen Sammlung von Stralsunder Bürgermeister- und Ratsher-

renporträts befinden sich hier. Nach historischem Vorbild wurden 2010 im Zuge der Sanierung des Rathauses nach der Wende einige Geschäfte in der Rathauspassage eingerichtet. So erinnert die Mischnutzung der Anlage an dessen historische Funktionen. Schließlich ist das Rathaus auch heute noch in erster Linie ein administratives Gebäude.

Der Alte Markt ist von einem Ensemble von Bauten aus verschiedenen Jahrhunderten umgeben. An der Südseite neben dem Rathaus zeugt das Haus Alter Markt 10 vor der Nikolaikirche vom Bemühen der Stralsunder um eine moderne Weiterentwicklung ihres Stadtbildes im 20. Jahrhundert. Die Backsteinfassade der langjährigen Polizeistation stammt von 1930/1931. Das Nachbarhaus (Nr. 11) ist durch seinen Terrakotta-Fries ein Hingucker. Die originalen Porträts stammen aus der bekannten Lübecker Werkstatt des Statius von Düren (16. Jahrhundert) und befinden sich heute im Stralsund Museum (Katharinenkloster). Beim Umbau Ende des 19. Jahrhunderts wurden diese durch Kopien ersetzt.

Das interessanteste Gebäude an der Ostseite des Platzes ist das Commandantenhus (Nr. 14). Es wurde von 1748 bis 1750 als Sitz der schwedischen Kommandantur im Stile des skandinavischen Barock errichtet. Den Stralsundern ist es als „Haus der Offiziere“ (1950–1954) und „Haus der Armee“ (HdA, 1954–1990) geläufig. Von 1954 bis 1990 nutzte die NVA (Nationale Volksarmee) das Gebäude als Kulturhaus. Nach Abschluss der Sanierung 2002 erinnert wieder das königlich-schwedische Stadtwappen an Schwedisch-Pommern. Dieses Wappen wurde vom Greifswalder Heinrich Zenichowski hergestellt. Die beiden Wappentiere, der Löwe (Schweden) und der Greif (Pommern), dienen als Schildhalter. Aus ideologischen Gründen war das Wappen in den 1950er Jahren entfernt worden.

Die Nordseite des Platzes ist von deutlichen Kontrasten zu den historischen Häusern am Alten Markt geprägt. Den größten bildet der Goldene Löwe (Nr. 13). Die Plattenbauten wurden 1984 eingeweiht. Der Name des Jugendclubs „Goldener Löwe", jetzt ein Restaurant, erinnert an den 1982 gesprengten Vorgängerbau. Vor dem Haus liegt seit 2006 ein Stolperstein für Karl Böhm. Böhm wohnte einst in diesem Haus. Auch in Stralsund erinnern eine Reihe an Stolpersteinen an ermordete jüdische Mitbürger.

Direkt neben dem Goldenen Löwen befindet sich das heutige Haus der Gewerkschaft (Nr. 4). Es wurde 1929/1930 vom Stettiner Architekten Adolf Theßmacher für die Provinzialbank Pommern im Stil der Neuen Sachlichkeit gebaut. Die Figuren am Eingang erinnern an den Vorgängerbau. Hier stand einst das Stralsunder Stadttheater (1833/34–1929).

An dieser Stelle kreuzen Sie die Knieperstraße. Machen Sie ruhig einen Abstecher die Straße hinunter in Richtung Stadttor. Am Wohnhaus Knieperstraße 9, direkt am **Kniepertor**, erinnert ein auf 1743 datiertes Relief von St. Jürgen (Georg), dem Drachentöter, an die alte Nutzung. In dem Haus hat sich einst das kleine St.-Jürgen-Kloster oder Spital befunden. Das Kniepertor wurde erstmals 1293 erwähnt und präsentiert sich seit dem 15. Jahrhundert in dieser Gestalt. Seit 1967 ist es ein Wohnhaus. 2014 wurde es für 165 000 Euro saniert. Eine Gedenktafel und

ein Gedenkstein erinnern hier an Friedrich Gustav von Petersson, der Ferdinand von Schill 1809 tatkräftig unterstützte. Petersson wurde nach dem missglückten Unterfangen Schills vor dem Kniepertor erschossen. Beim Kniepertor handelt es sich um ein Innentor. Noch heute sind die Halterungen zu sehen. An diesen wurden im Angriffsfall Ketten befestigt, um die Stadt bei offenem Tor verteidigen zu können. Etwa in Höhe des heutigen Kreisverkehrs am Olof-Palme-Platz stand das Außentor. Übrigens: Vor dem Kniepertor finden Sie das heutige Stadttheater, einen Jugendstilbau von 1914. Nach Ihrem Abstecher in die Kniepерstraße kehren Sie zum Alten Markt zurück.

Die Nordseite wartet mit zwei Gebäuden auf, deren Besitzer der Ihnen bereits bekannte Bertram Wulflam war (s. Kleine Geschichte Stralsunds). Das **Wulflamhaus** (Nr. 5) und die heutige **Ratsapotheke** (Nr. 6) wurden im 14. Jahrhundert erbaut. Nr. 5 wurde erstmals ab 1358 im Besitz der Wulflams erwähnt. Es gehört zu den am besten erhaltenen Wohnhäusern der Spätgotik im norddeutschen Raum. Das Wulflamhaus ist nicht nur wegen seiner prächtigen Fassade sehenswert. Der Pfeilergiebel glich anfangs dem Schmuckgiebel des Rathauses, wurde dann aber im 19. Jahrhundert aus statischen Gründen zu einem Stufengiebel umgewandelt. Im Innern und auf dem Hof blieben neben der Galerie, der Diele und den Speichern auch das Brauhaus sowie der zweigeschossige Kemladen erhalten. Hier befanden sich die Wohn- und Schlafräume der Familie. Der Hausbaum, ein auf dem Boden des Kellers gegründeter Baumstamm, trägt den Längsunterzug des ersten Obergeschosses. Auch er ist noch vorhanden. Die heutige Ratsapotheke (Nr. 6) entstand 1357, doch wurde die Fassade des Hauses im 17. Jahrhundert barock umgestaltet (Volutengiebel).

Die Westseite besticht ihrerseits durch den langgestreckten Artushof (Nr. 8). Auch wenn der Name noch an die alte Tradition des Artushofes in einer Hansestadt erinnert, handelt es sich bei dem heutigen Gebäude um einen Hotelbau des frühen 20. Jahrhunderts (1911/12). Der Artushof war jahrhundertelang eine der ersten Adressen Stralsunds. In dem 1316 gebauten Vorgängerhaus, einem Doppelgiebelhaus, fanden Empfänge und Feste statt. Hier stiegen Herzöge und Könige ab. Auch Schwedenkönig Gustav II. Adolf. Der große Stadtbrand von 1680 vernichtete den mittelalterlichen Artushof. An gleicher Stelle wurde die schwedische Stadtwache errichtet. Als diese abgerissen wurde, erhob sich dort kurze Zeit später der neue Artushof. 1930 zog die Stadtsparkasse in das Erdgeschoss. Sie nutzte die Räume bis in die 1950er Jahre. Seit 2010 befindet sich im unteren Teil des Gebäudes wieder eine Gaststätte.

Am Alten Markt, wo die Nord- und Westseite aufeinandertreffen, beginnt die Mühlenstraße, die auf der inneren Seite der

Stadtmauer Richtung Kütertor verläuft. Sie punktet mit immerhin 24 denkmalgeschützten Gebäuden. Darunter sind bemerkenswerte Vertreter der Backsteingotik zu finden. Gleich am Anfang beeindruckt die Nr. 1. Das Gebäude wurde zu Beginn des 14. Jahrhunderts errichtet. Es handelte sich hier um den ältesten noch erhaltenen Pfeilergiebel der Stadt. Die Mühlenstraße 2 entstand um 1400. Um 1700 erhielt das Haus durch Umformung des mittelalterlichen Giebels seinen heutigen Schweifgiebel. Besondere Aufmerksamkeit verdient das im 14. Jahrhundert errichtete Kaufmannshaus Mühlenstraße 3, mit einer offenen Diele – daher der Name Dielenhaus – im Erdgeschoss und den Speicherböden in den Obergeschossen ist es einen Besuch wert. Fast direkt gegenüber, auf der anderen Seite der Mühlenstraße ist die Nr. 55 zu finden, ein in der zweiten Hälfte des 18. Jahrhunderts errichteter Putzbau. Dieser war früher die „Posthalterei".

Viel jünger dagegen ist die ehemalige Musikschule Mühlenstraße 7, mit auf Postamenten ruhenden Halbsäulen an der Fassade. Sie erhielt 1860/70 ihre heutige Gestalt. Noch etwas jünger ist die Mühlenstraße 10, der Marstall. Das Haus wurde 1872 als Pferdestall errichtet. Mühlenstraße 21 ist ein Giebelhaus aus dem 15. Jahrhundert. Als „Hotel Du Nord" und ab 1872 Hotel „Bismarck" war es eine der besten Adressen der Stadt. In der Weimarer Republik zog sogar ein Kino (Bismarck-Kammerspiele) ein, ab 1954 das Jugendclubhaus „Johnny Schehr".

Das wohl interessanteste Denkmal in dieser Straße ist die Dreiflügelanlage des **Kampischen Hofs** (Nr. 23). Es war die städtische Niederlassung des Zisterzienserklosters Neuenkamp (heute Franzburg) in Stralsund. Der Orden besaß das Grundstück seit 1257. Die Mönche lagerten hier Waren und wohnten bei Aufenthalten in der Stadt im Hof. Sie brachten auch Gäste im Kampischen Hof unter. Nach der Reformation wurde der Herzog von

Pommern Eigentümer der Anlage und später die Stadt. Diese vermietete den Komplex an die schwedischen Landesherren. Nach 1945 wurde die Anlage als Lager genutzt. Ab 2014 erfolgt die Sanierung des im Kern aus dem Mittelalter stammenden Komplexes, nachdem die Stadt das Grundstück 2012 von einem Investor zurückerworben hatte. Auf der anderen Seite der Mühlenstraße, bereits in der Heilgeiststraße, steht vor dem 1446 gebauten Kütertor, einem der beiden noch erhaltenen Stralsunder Stadttore, das Torschließerhaus. Den Namen hat das Tor von den Kütern, den Fleischern, die Innereien weiterverarbeiteten. Das Kütertor diente bis 1862 als Gefängnis. Sieben Jahre zuvor (1855) fand im Gefängnisgarten die letzte Hinrichtung in Stralsund statt. Von 1963 bis 2003 war das Tor Teil einer Jugendherberge.

Zur Adresse Am Kütertor 1 gehören drei Gebäude. Zum einen das Traufenhaus an der Ecke zum Knieperwall, das 1690 als Wasserkunst von Jochim Zwolle errichtet wurde. Dort waren die Göpel der Wasserversorgung untergebracht. Das zweite Gebäude ist der 1877 errichtete Backsteinturm, die neue Wasserkunst, zwischen Knieperwall und der Mühlenstraße. Das dritte Gebäude ist das Haus auf der Stadtmauer, das Mauerhaus. Die genannten Gebäude sind Teil des im Bau befindlichen Komplexes „Am Kütertor", das neben diesen noch zwei Neubauten umfassen soll Interessant ist die Geschichte der ältesten deutschen Spielkartenfabrik, die in der Heilgeiststraße 2/3, produzierte. Ihre Geschichte begann 1765, als der schwedische Generalgouverneur Axel Graf von Löwen dem Graveur Caspar Kern die Konzession für eine Spielkarten-„Fabrique" erteilte. Seit 1793 befand sich der Firmensitz in der Heilgeiststraße. Weitere Spielkartenproduktionen entstanden in Stralsund. Die hansestädtischen Unternehmen schlossen sich 1872 zu der „Vereinigten Stralsunder Spielkarten-Fabriken Aktien-Gesellschaft Stralsund" (VSS AG) zusammen. Sie verlegte ihre Produktion „hinter" das Kütertor in den Knieperwall 1a. Die AG expandierte und erwarb neben anderen populären Spielkartenproduzenten 1897 die Altenburger Spielkartenfabrik. Vor dem Ersten Weltkrieg war die Stralsunder Gesellschaft Marktführer. Anfang der 1930er Jahre plante die Firma ein neues großes Produktionsgebäude an den Knieperwall zu setzen. Die Stralsunder Stadtväter verweigerten ihre Zustimmung. Das Spielkartenunternehmen brach daraufhin seine Zelte am Sund ab und zog gen Altenburg. Die alte sächsische Residenzstadt ist bis heute ein bedeutender Standort für die Fertigung von Spielkarten.

Der Name der vom Kütertor zum Katharinenkloster führenden Straße **Bielkenhagen** erinnert an die Familie Bileko. Sie besaß hier um 1300 mehrere Grundstücke. Das Haus Nr. 5 gehört der Freimaurerloge „Sundia zur Wahrheit". Sie entstand 1877 durch Abspaltung aus der in der Schwedenzeit gegründeten Loge „Gustav Adolf zu den drei Strahlen". Ursache waren innere Auseinandersetzungen um die Geschichte der schwedischen Freimaurerei und Reformen. Auch Rudolf von Haselberg (1832–1896), der Meister vom Stuhl, wechselte die Vereinigung und wurde Meister der neuen Loge. Damit gab es in Stralsund mit der 1800 gegründeten Andreasloge „Quatura Elementa" drei Logen. Sein Bruder Ernst (1827–1905) war der Ihnen bereits begegnete Stralsunder Stadtbaumeister. Auf Wunsch seines Bruders entwarf Ernst das neue Logenhaus und ließ es 1879/80 bauen. Die Freimaurerei wurde 1935 von den Nationalsozialisten verboten. Als Pionierhaus fand es in der DDR-Zeit einen neuen Verwendungszweck. Erst 1995 konnte die Wiederbelebung der Freimauerloge in Stralsund erfolgen.

Dem Logenhaus gegenüber ist das Amtsgericht zu finden. Es besteht heute aus zwei Gebäuden aus dem 19. Jahrhundert und einem Neubau, der beide miteinander verbindet. Bei Nr. 8 (dem ehemaligen Gefängnis) und Nr. 9 (dem Gericht) handelt es sich um Neorenaissancebauten, die 1869 entstanden. Der Architekt des Gerichts ist unbekannt. Seine Leistung war mangelhaft, sodass das Gebäude aus statischen Gründen mit Metallbändern in

Form gehalten werden musste. Die äußeren sind heute entfernt, während die inneren nach wie vor ihren Zweck erfüllen. Eine Gedenktafel am Amtsgericht erinnert an Franz Bruhn und Hermann Voss sowie einen unbekannten Polen, die dem faschistischem Terror zum Opfer fielen. 2008 wurde der Erweiterungsbau eingeweiht.

Der beeindruckende Gebäudekomplex des Katharinenklosters ist heute Sitz des **Meeresmuseums** und des **Stralsund Museums**. (siehe S. 42)

Über die Mönchstraße führt Ihr Weg weiter zum Katharinenberg. Das Gebäude Mönchstraße 28, ein dreieinhalbgeschossiges Haus an der Ecke zum Katharinenberg, wurde in den Jahren 1867 bis 1869 errichtet. Die sogenannte „Große EMA-Schule" (große Ernst-Moritz-Arndt-Schule) war einst eine Knabenschule. In den 1950er Jahren gingen dort nur Mädchen zum Unterricht. Architekt des Gebäudes war Ernst von Haselberg. Heute ist sie Teil des Stralsund Museums. Kurz zuvor entstand das gegenüberliegende Gebäude Ecke Katharinenberg. Es wurde 1933 umgebaut.

Sie biegen nun in den Katharinenberg. An der Rückseite des Meeresmuseums vorbei, oberhalb der Stadtmauer, geht es weiter zum Speicher Katharinenberg 34/35. Das Speichergebäude stammt aus dem 19. Jahrhundert und besteht aus zwei Bauten, die heute von der Jugendwerkstatt Stralsund/Stettin genutzt werden. Seit 2001 hat der Förderverein Jugendkunst hier seinen Sitz. Im Speicher befindet sich die technisch gut ausgestattete Spielkartenfabrik für Kinder und Jugendliche, die verschiedene Projekte anbietet. Am Haus Nr. 36 ist noch die Inschrift „öffentlicher Arbeitsnachweis" zu lesen. Sie folgen dem Katharinenberg weiter, bis Sie an den Platz gelangen, von dem die Tribseer Straße abgeht. Das Eckgebäude ist das sogenannte Dreimörderhaus. Hier hatten nämlich drei Ärzte ihre Praxen. An dieser Stelle müssen Sie sich entscheiden, ob sie über die Marienstraße zum Neuen Markt gelangen möchten oder über die Tribseer Straße. Beide Wege haben ihren Charme.

Die Tribseer Straße 1 ist die Adresse der von dem Berliner Max Hasak errichteten früheren Reichsbankfiliale. Dieser Architekt hat in ganz Deutschland Geldhäuser gebaut. Der mit Türmen geschmückte Ziegelbau wurde auf dem Platz errichtet, auf dem bis 1873 das Tribseer Tor stand. Auf dem Grundstück Tribseer Straße 12 realisierte Stadtbaumeister Ernst von Haselberg ab 1859 sein erstes städtisches Neubauprojekt, die zweite Knabenvolkshochschule, die „Kleine EMA-Schule" (kleine Ernst-Moritz-Arndt-Schule).

Von großem stadtgeschichtlichen Wert ist auf der gegenüberliegenden Straßenseite, etwas weiter in Richtung Neuen Markt, das Haus Tribseer Straße 24, die „Alte Münze". Hier wohnte der vielleicht wichtigste Stralsunder Unternehmer des 18. Jahrhunderts, der Gründer der Fayencenmanufaktur und Bankier Joachim Ulrich Giese (1719–1780). Im Gebäude befand sich ab 1757 eine königlich-schwedische Münzprägestätte, die 1760 um die „Neue Münze", Tribseer Straße 24a, erweitert wurde. Gieses Partner war der Regierungsrat und Kunstmäzen Adolf Friedrich von Olthof (1718–1793). Die beiden Münz-Direktoren durften mit einer Sondererlaubnis gegen den Widerstand großer Teile der Bevölkerung und der Landstände „Israeliten" einstellen. Diese beschafften Edelmetalle, kauften alte Münzen auf und fertigten Prägestempel. Die sogenannten Münzjuden erhielten sogar einen Schutzbrief. Obwohl die Gegner argumentierten, dass die Landesgesetzgebung den Aufenthalt von Juden im Lande untersage, durften sich zwölf Münzjuden in Stralsund ansiedeln. Das war der Beginn der jüdischen Gemeinde in Stralsund. Giese stellte auf seinem ebenfalls 1757 erworbenen Gut Niederhof am Strelasund Land für eine jüdische Begräbnisstätte zur Verfügung. Die 1755 von ihm gegründete Fayencenfabrik hatte ihren Sitz in der Tribseer Straße 26. Heute befindet sich in dem zehnachsigen Putzbau unter anderem ein Restaurant. Der Ton für die Fayencen stammte von der Insel Hiddensee, wo Giese ebenfalls Land besaß. Giese verkaufte die Manufaktur bereits 1772. 1792 musste sie endgültig schließen. Ab 1770 war sie ein Verlustgeschäft.

Wenn Sie sich für den anderen Weg über die Marienstraße entschließen, dann achten Sie darauf, dass Sie dieser Weg parallel zum alten Stadtmauerverlauf in Richtung **Marienkirche** und Marktplatz bringen wird. Hier befinden sich eine Reihe interessanter Backsteingebäude, die vor allem aus dem 19. Jahrhundert stammen.

Die Marienstraße 1 wurde 1852 als Navigationsschule errichtet. Ursprünglich befand sich diese im Tribseer Tor, doch die neue Schule hatte einfach mehr Platz. Auf der Hofseite befindet sich der als Observatorium gebaute Turm. Das neugotische Haus Nr. 4, heute Ärztehaus am Frankenwall, entstand 1862 bis 1866 nach Entwürfen Ernsts von Haselberg als Krankenhaus. Es galt damals als das modernste Krankenhaus in ganz Preußen. Doch dauerte der Ruhm nicht lange. Besonderes Interesse verdient die frühere „Gasthauskirche" St. Antonius (Nr. 3). Das Backsteingotteshaus soll um 1430 errichtet worden sein und wurde zwischen 1781 und 1784 baulich verändert. Damals wurde hier das erste Stralsunder Krankenhaus eingerichtet. Nach 1866 diente das Gebäude als Seuchenhaus. Das Armen- und Altenheim St. Antonius (Gasthaus) gab es bereits seit 1408. Damals erwarben Johannes Kulemann und Vicko Timme zwei Buden am „Roten Meer", der heutigen Marienstraße, und eröffneten ein Gasthaus. Im Mittelalter wohnten hier auch Wandergesellen. Heute befindet sich hier die Scheele-Apotheke, benannt nach dem Entdecker des Sauerstoffs (Tour B).

1865/66 wurde das Wohnhaus Marienstraße 6 eingeweiht. Architekt war der schon vielfach genannte Ernst von Haselberg. Daran schließen sich die Wohnbauten der Vereinigten Stiftungen Nr. 7–13 und Nr. 15 aus der zweiten Hälfte des 19. Jahrhunderts an. Marienstraße 16 ist die Adresse des im 18. Jahrhundert errichteten Pfarrhauses von St. Marien.

Zum Neuen Markt geht es weiter über die Marienchorstraße. Dabei wird die Bleistraße gekreuzt. Deren interessantestes Gebäude ist das neugotische Schulhaus (Bleistraße 4). Es wurde 1875 eingeweiht. Architekt des Realgymnasiums war ebenfalls Ernst von Haselberg. 2005 zogen die letzten Schüler aus. Nach der Sanierung wurde das Gebäude Wohn- und Ärztehaus.

Die dortige Aula wird noch immer für Veranstaltungen genutzt. Übrigens verdankt die Bleistraße ihren Namen nicht etwa einem erhöhen Bleivorkommen, sondern der Blide, einem mittelalterlichen Verteidigungswerkzeug. Stralsund besaß mehrere, die hier untergebracht wurden.

Sie lassen die Marienkirche links liegen. In der Marienchorstraße findet die Nr. 3 vielleicht Ihr Interesse. In diesem Putzbau aus dem 16. Jahrhundert mit doppelten Volutengiebel und Überformung aus dem 19. Jahrhundert war während der Weimarer Republik eine Fischkonservenfabrik. Der Sassnitzer Helmut Rogge hatte sie hier eingerichtet.

Schon sind Sie auf dem Neuen Markt. Als viel genutzter Parkplatz wirkt der 1968 betonierte Platz nicht sonderlich gemütlich. Zu DDR-Zeiten hieß er für zwei Jahrzehnte Leninplatz. Auffällig ist das 1954 anstelle einer Seltersbude errichtete Toilettenhäuschen. Ursprünglich gab es hier einen Warteraum für Fahrgäste der Straßenbahn und einen Zeitungskiosk. Vor der Marienkirche befindet sich der sowjetische Ehrenfriedhof, der 1945 auf Befehl des Stadtkommandanten angelegt wurde. Der dominierende Obelisk stammt von 1967, dem Jahr der 50. Wiederkehr der „Großen Sozialistischen Oktoberrevolution" in der Sowjetunion. Auf dem Kirchhof von St. Marien wurden bis ins 19. Jahrhundert Menschen beigesetzt. Heute, 150 Jahre später, scheinen Kirchhof und Markt ineinander überzugehen, deswegen wirkt es, als wären Menschen auf dem Markt beerdigt worden. Es scheint, als hätte der Sieger durch diesen Akt das Land des Besiegten in Besitz genommen. Dies soll eine aus Asien stammende Sitte sein. Eine zweite Gruft mit Leichen sowjetischer Soldaten auf einem Markt gibt es noch im nahen Richtenberg.

Der Klinkerbau Neuer Markt 16/17 an der Ecke zur Frankenstraße entstand 1874 als Lazarett der Stralsunder Garnison.

Bis 1931 hatte hier das Militär das Sagen. Dann war das Gebäude zunächst Arbeitsamt und in DDR-Zeiten lange Sitz der Konsumgenossenschaft. Mittlerweile wird vermutet, dass das Lazarett auf den Mauern der verschwundenen vierten Stralsunder Stadtkirche, St. Peter und Paul, errichtet worden ist. Im Haus Neuer Markt 13, der **Milchbar**, wurden erstmals 1956 Eisbecher verkauft. Noch heute schwärmen die Stralsunder vom damaligen Angebot. Eindrucksvoll ist der Schriftzug am Gebäude.

Auf der gegenüberliegenden Seite, der Westseite des Marktes, ist der „Schweriner Hof" zu finden. Daneben die „Brasserie". Beides Gebäude, die diese Seite erst seit dem 19. Jahrhundert in der Form schmücken. Das Hotel „Zur Post", an der Einmündung zur Tribseer Straße, ist ein Neubau von 1995 unter Beibehaltung des alten Namens. Wie vielen anderen Städten bescherte der aus Stolp in Pommern stammende Generalpostdirektor Heinrich von Stephan auch Stralsund ein stattliches Gebäude für die Reichspost (Nr. 3/4), mit der der Hohenzollernstaat Flagge zeigen konnte. 1888 erfolgte die Einweihung. Die Nordseite des Marktes wird durch das Palaisgebäude Nr. 7 (Sparkasse) dominiert. Es entstand in der ersten Hälfte des 18. Jahrhundert. In diesem Gebäude hatte Ferdinand von Schill 1809 sein Quartier aufgeschlagen.

Die Mönchstraße nun führt wieder zurück in Richtung Alter Markt. Sie verbindet den Neuen Markt mit dem Knieperwall. Der Name erinnert an die Mönche des Katharinenkloster, das an diesem Verkehrsweg liegt. Viele Gebäude wurden nach der Wende saniert. Manche wurden einem besonderen Zweck zugeführt, wie das Museumshaus (Nr. 38). Es ist schon zu Beginn des 14. Jahrhunderts errichtet worden und heute Teil des Stralsund Museums. Eine Fülle interessanter Ausstattungsstücke aus verschiedenen Jahrhunderten, wie gotische Malereien an einer Balkendecke oder die Rokokotür in der Diele, macht den Besuch lohnend. Das gotische Aufzugsrad im Spitzboden gehört zu den ältesten in Nordeuropa und ist immer noch funktionstüchtig!

Stadtgeschichte verkörpert das Eckhaus zum Apollonienmarkt, die Mönchstraße 40. Am Dreiecksgiebel ist ein Relief des Drachentöters, des heiligen Georg, zu sehen. Er wird in Norddeutschland Jürgen genannt. Im 18. Jahrhundert wurde mit diesem Gebäude das Kloster St. Jürgen am Strande (Mönchstraße 41) ergänzt. Der Putzbau wurde 1754 eingeweiht. Seine heutige spätklassizistische Fassade verdankt er einem Umbau um 1830. Zunächst wohnten in dem Gebäude hilfsbedürftige Menschen. Heute ist es ein Studentenwohnheim. Der Name Kloster St. Jürgen am Strande erinnert an den Vorgängerbau, ein Hospital für Menschen mit ansteckenden Krankheiten. Als die Schweden Stralsund zur Festung ausbauen ließen, wurde dieses Spital vom Ufer des Strelasunds in die Stadt verlegt.

Im Haus Nr. 45 hat das Meeresmuseum eine Gedenkstätte für den in Stralsund geborenen Naturforscher Hermann Burmeister (1807–1892) eingerichtet. Der Zeitgenosse Alexanders von Humboldt wirkte lange und mit großem Erfolg in Argentinien. In Buenos Aires erinnert ein Denkmal an das Werk des Naturforschers. Burmeister hatte in der Böttcherstraße gelebt, doch sein altes Wohnhaus existiert heute nicht mehr. Aber die Nr. 45 hatte ihren eigenen bekannten Bewohner. Von 1787 bis 1789 hat der durch seinen Kampf für ein einheitliches Deutschland und seine antifranzösische Propaganda bekannt gewordene Ernst Moritz Arndt als Schüler des Gymnasiums in diesem Haus gewohnt.

Jetzt ist der beeindruckende Komplex des Katharinenklosters (Nr. 25–27) erreicht. Bettelmönche des Dominikanerordens gründeten es im 13. Jahrhundert auf Initiative des Rügenfürsten Jaromars II. Er stellte das Grundstück sowie Geld für den Bau zur Verfügung. Das Kloster ist eines der ältesten seiner Art im Ostseeraum. Hinzukommt, dass die mittelalterliche Bausubstanz fast vollständig erhalten blieb. Besonders eindrucksvoll ist der **Kapitelsaal (Remter)** mit seinen Gewölbemalereien des 15. Jahrhunderts. In Folge der Reformation (1525) wurde die Hanse-

stadt Besitzer des Katharinenklosters. Erst 1560 bezogen Schüler und Lehrer das aus drei älteren kirchlichen Schulen (ehemalige Lateinschulen) entstandene Gymnasium. Ein Teil des Klosters war bereits zuvor für ein Waisenhaus umgebaut worden. Das Gymnasium nutzte die Räumlichkeiten des ehemaligen Klosters bis 1944. 1933 war die Schule Drehort. Hier wurde der Unterhaltungsfilm „Reifende Jugend“ mit Heinrich George als Schuldirektor gedreht. Die Klosterkirche war ab 1678 schwedisches Arsenal und später Zeughaus. 1902 wurde sie an Stralsund verkauft. Anstelle des Waisenhauses zog 1924 das „Provinzialmuseum für Neuvorpommern und Rügen“ ins Kloster ein, der Vorläufer des heutigen Stralsund Museums. Es ist die älteste Einrichtung dieser Art in Mecklenburg-Vorpommern. 1761 hatte der schwedische Generalgouverneur Axel Graf von Löwen seine Kunstsammlung Stralsund vermacht. Auf diese konnte sich das Museum aufbauen. Das Provinzialmuseum entstand 1858 auf Initiative Rudolf Baiers. Als Gründungsdirektor erwarb er den berühmten Hiddenseer Goldschmuck. Dieser wird nach einer Reise durch europäische Städte ab 2015 in einem eigenen Raum im Museum präsentiert werden. Dieser entsteht als Teil eines großen Umbaus. Die 16 Stücke aus purem Feingold sind ein herausragendes Beispiel für die Goldschmiedekunst der Wikinger und werden dem Wikingerkönig Harald Blauzahn (910–987) zugeschrieben. Die Ausstellung des Museums in den Klosterräumen ist unbedingt einen Besuch wert. Zu sehen sind beispielsweise gotische Altäre und Skulpturen, Grabungsfunde, Dokumente und Zeugnisse des Reichtums Stralsunder Kaufleute. Etwas Besonderes ist die erwähnte Löwensche Sammlung. Auch Erzeugnisse wichtiger Stralsunder Gewerbebetriebe wie Fayencen aus der 1755 von Joachim Ulrich Giese errichteten Manufaktur und den Vereinigten Stralsunder Spielkartenfabriken gibt es zu sehen. Seinesgleichen in Norddeutschland sucht die Sammlung von etwa 40 mittelalterlichen Paramenten, geistlichen Prachtgewändern, Decken und Vorhängen. Außerordentlich wertvoll sind 14 Priestergewänder, die aus den großen italienischen Seidenzentren Lucca und Venedig stammen. Auch der Helden der Stadtgeschichte wird hier gedacht, wie des 1809 im Kampf gegen Franzosen gefallenen Ferdinands von Schill. Darüber hinaus gibt es einen beeindruckenden Bestand bildlicher Kunst mit einem ausgeprägten regionalen Schwerpunkt. Das Ölbild „Elblandschaft" von Caspar David Friedrich gehört zu den Höhepunkten des Rundgangs durch das Stralsund Museum.

Ein zweites Museum im Komplex verdient auch Ihr Interesse. 1951 gründete Otto Dibbelt das Natur-Museum im Katharinenkloster. Bodden- und Ostseetiere wurden von Anfang an in Aquarien gezeigt. Sechs Jahre später begann die Umgestaltung und Erweiterung zum Museum für Meereskunde nach einem Konzept von Sonnfried Streicher. Der erste Raum des Meeresaquariums entstand in der Folge. Ein Meilenstein der folgenden Erweiterungen des Museums war von 1972 bis 1974 die Einrichtung der Ausstellungshalle in der Klosterkirche. Zwei Jahrzehnte später wurde aus dem städtischen Meeresmuseum das „Deutsche Museum für Meereskunde und Fischerei". Nicht nur seine 50 Aquarien mit über 600 lebenden Tieren, auch die Ausstellungen zu Walen und der Geschichte der Fischerei sind Besuchermagneten. Schon in der DDR kamen bis zu 900 000 Besucher im Jahr. An der Nordseite des Klosters, Mönchstraße 25a, wurde in den 1930er Jahren eine Turnhalle für die Gymnasiasten angebaut.

Das Eckhaus zum Bielkenhagen, Mönchstraße 24, ist mit seiner barockisierenden Fassade von 1888/89 eines der zahlreichen Zeugnisse für den wirtschaftlichen Aufschwung im deutschen Kaiserreich. Dieser ermöglichte Eigentümern umfangreiche Investitionen in ihre Häuser. Gleich im Nebengebäude (Nr. 23) wohnte der viel beschäftigte Stadtbaumeister Ernst von Haselberg, ein ständiger Begleiter unseres Rundgangs. Das sechsachsige Traufenhaus wurde 1722 anstelle des mittelalterlichen Archidiakonats im Stil des skandinavischen Barocks errichtet. Das Gebäude gehört heute zur Schwedenstraße.

Auf Ihrem Weg zum Alten Markt passieren Sie eine Reihe sanierter Giebelhäuser. Vor allem die Nr. 7–13 und die Nr. 15 sind schöne Beispiele für die aufopferungsvolle Restaurierungsarbeit in der Stadt. In der Mönchstraße 12 hat sich bis zum 19. Jahrhundert die Königlich Schwedische Regierungsdruckerei Struck befunden. Diese zog 1827 in die Mönchstraße 57 um. Bauherr dieses stattlichen Hauses war um 1800 der Gutsbesitzer Dethloff Carl Schultz aus Papendorf. Aber nicht nur Arndt und von Haselberg haben in der Mönchstraße gewohnt. Eine weitere Berühmtheit lebte in der Nr. 58. Der Dichter Friedrich Spielhagen (1829–1911) kam als Sechsjähriger nach Stralsund. Er entwickelte in der Stadt seine Liebe zum Meer, die viele seiner Werke prägt. Eine kleine Gedenktafel am Giebel erinnert an Spielhagen.

Wenn Sie dem Straßenverlauf weiter folgen, kreuzen Sie nun die Mühlenstraße. Über diese werden Sie wieder zum Alten Markt gelangen. Doch laufen Sie ruhig noch ein wenig weiter in Richtung Kreisverkehr. Den Abschnitt zwischen der Schill- und der Mühlenstraße nannte man übrigens lange „Am Ramsberg“. Der Name weist auf die hier früher ansässigen Huren hin. Ein interessantes Baudenkmal sind drei Häuschen, ehemals für bedürftige Menschen errichtet. Über der neugotischen Schaufront von 1895 (Mönchstraße 62) steht „**Arend Swartes Gang**“. Die Inschrift erinnert daran, dass dieser Ratsherr 1554 die vom Bürgermeister Hennig Wardenberg gestifteten Buden instandsetzen ließ. Nach Wardenberg übernahm Swarte die Verantwortung für die Stiftung und nach diesem die Familie Hagemeister. Diese ließ die Schaufront aufbauen. Ab 1998 erfolgte die letzte Sanierung.

Von hier ist es nur noch ein kurzes Stück wieder über die Mühlenstraße zurück zum Alten Markt.

TOUR B

Sie starten am Alten Markt. Über die Semlower Straße geht es hinunter zum Hafen. Über den Fährwall gelangen Sie zum Olof-Palme-Platz und schließlich geht es über die Schillstraße, die Wasserstraße und die Badenstraße hinauf zum Nikolaikirchhof. Schon sind Sie wieder am Alten Markt.

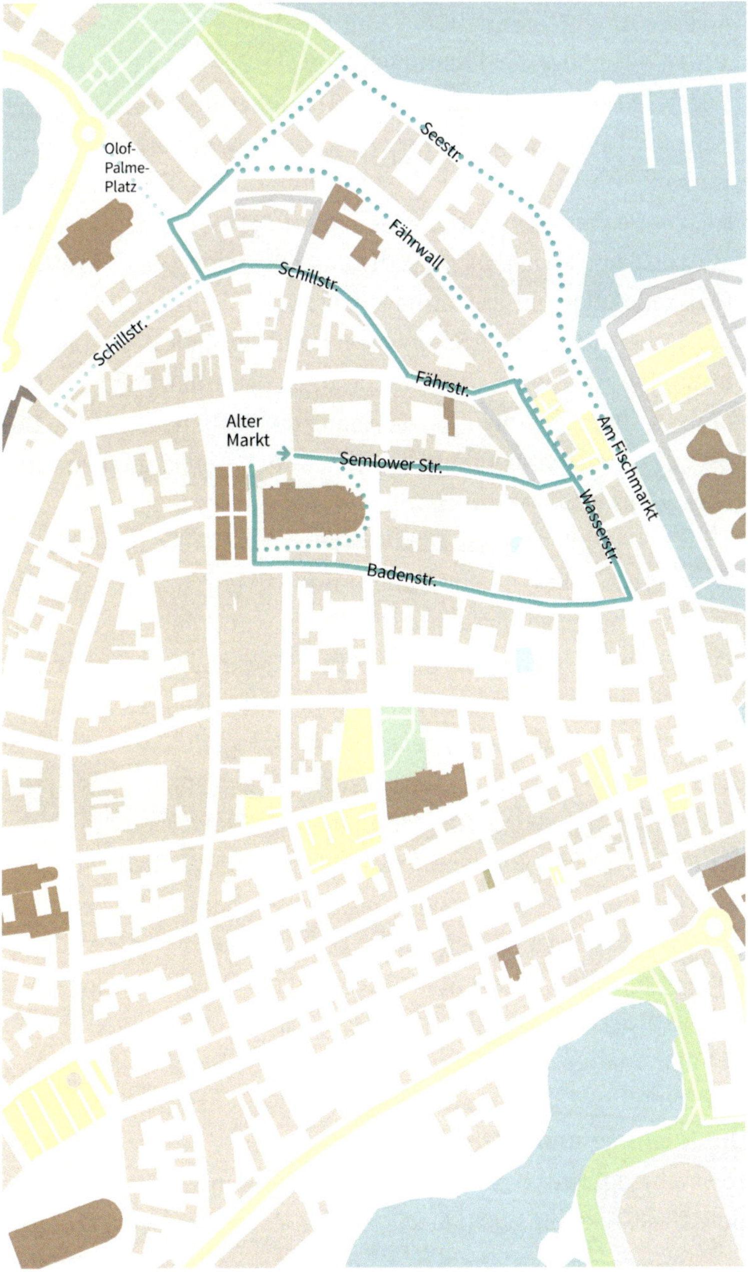
Olof-
Palme-
Platz
Seestr.
Fährwall
Schillstr.
Schillstr.
Fährstr.
Am Fischmarkt
Alter
Markt
Semlower Str.
Wasserstr.
Badenstr.

Vom Alten Markt geht die Tour dieses Mal nach Osten durch die Semlower Straße in Richtung Hafen. Hier stehen viele Gebäude aus der Zeit des Wiederaufbaus nach dem Zweiten Weltkrieg. Die Fische der Fassaden der Häuser Nr. 39–41 erinnern an die Popularität von Sgraffiti (Kratzputz) in der frühen DDR. Über dem Eingang zur Bechermacherstraße (Semlower Straße 40) befindet sich zusätzlich eine Kogge. Dieser schmale Verkehrsweg beginnt an der Fährstraße und geht an der Badenstraße in die Jacobiturmstraße über. Dabei kreuzt er die Semlower Straße. Am Ende der Semlower Straße, die nach einer Ratsfamilie des 13./14. Jahrhunderts benannt wurde, stand bis 1960 das letzte der sechs Wassertore. Die Reste des beim Bombenangriff 1944 schwer beschädigten Befestigungswerks wurden trotz heftiger Proteste gesprengt.

Von hier gibt es zwei Möglichkeiten für eine Schleife zurück zum Alten Markt. Die erste Route führt über die Seestraße, die den Fischmarkt verlängert und parallel zum Fährwall verläuft, bis sie sich mit diesem in Höhe Hansa-Gymnasium vereint. Sie ist damit eine zentrale Erschließungsachse im Hafenbereich. Die Seestraße wurde erst 1903 befestigt, nachdem ein Jahr zuvor die Bebauung der Sundpromenade begann. Die Gebäude Seestraße 1–4 entstanden zwischen 1902 und 1905. Sie werden am sogenannten Ippenkai vorbeilaufen, am Becken des Fährhafens, auf dem 1900 ein Schuppen entstand. Dieser beherbergt jetzt ein Restaurant. Zwischen dem Hotel Hafenresidenz und dem Restaurant gelangen Sie zur Marina und auf die Mole Stralsunds. Etwas älter als Nr. 14 ist die frühere Seenotrettungsstation (Nr. 7) mit dem Malteserkreuz der Deutschen Gesellschaft zur Rettung Schiffbrüchiger im Giebel. Zwei Häuser weiter steht die Villa der Unternehmerfamilie Wilhelm, die 1900 eine Kupfer- und Kesselschmiede zwischen Johannischorstraße und Fährwall bauen ließ. Das Backsteingebäude (Nr. 8), das Verwaltung und Produktion der Schmiede beherbergte, ist seit 2013 das Appartmenthaus „Seemannsheim“. Auch die Nr.10, jetzt Teil des Hotels „Hafenresidenz“, hat eine besondere Geschichte. 1955 gebaut, nutzte es in der DDR das „Amt für Standardisierung, Messwesen und Warenprüfung“ als Sitz. Zeitweise war hier auch das Ordnungsamt zu finden. Die Seestraße 12 war ab 1980 Reparaturbasis für sowjetische Tragflügelboote. In Stralsund waren drei solcher Schiffe des Typs „Kometa“ stationiert. Heute gehört das Haus ebenfalls zum Hotel. Über die Knieperstraße (Tour A) gelangen Sie wieder zum Alten Markt.

Die zweite Route ab Semlower Straße führt über den Fährwall, der direkt entlang der alten Stadtmauer, noch auf historischem Stadtgebiet, verläuft. Alte Speicher prägen diese Strecke. Fährwall 8 stammt laut Inschrift von 1861. Diesen Speicher ließ Christian Ludwig Weyer 1862 errichten. Hier wurde Korn gelagert und, nach dem Einbau einer Darre, auch Malz hergestellt. Im Speicher befindet sich heute ein Antikhandel. Besucher können hier einen Blick ins Innere werfen. Auch bei Fährwall 4 und 5 handelt es sich um mittelalterliche Gebäude. Fährwall 2 soll sogar schon kurz nach der Stadtgründung entstanden sein. Die nahen Gebäude der Berufsfeuerwehr mit ihren Backsteinfassaden (Fährwall 18) stammen aus dem 20. Jahrhundert. Seit 1920 stehen das Wachgebäude und die Fahrzeughalle an der Ecke zur Seestraße seit 1937.

Fast direkt gegenüber steht an der Sundpromenade (Fährwall 19) in schönster Lage das stattliche Hansa-Gymnasium, ein Backsteinbau mit Treppentürmen, der 1913 als höhere Mädchenschule eröffnet wurde. Der Architekt entschied sich für Jugendstil mit neugotischen Elementen. Im Zweiten Weltkrieg wurde das Haus zwischenzeitlich als Krankenstation und Ingenieurschule für Lufttechnik genutzt. Eine Gedenktafel erinnert an drei Schüler, die 1949 nach Flugblattaktionen gegen die Politik der SED zu hohen Haftstrafen verurteilt wurden. Von hier ist es nur noch ein kleines Stück zum malerisch gelegenen Stralsunder Musentempel. Ab 1913 wurde das Theatergebäude am heutigen Olof-Palme-Platz nach Plänen des Kölner Architekten Carl Moritz (1863–1944) errichtet. Wegen des schlechten Baugrunds musste es auf 800 Pfähle gesetzt werden. Moritz entwarf sieben Theater, unter anderem auch das Kölner Opernhaus. Das Gebäude war schon 1914 fertiggestellt. Durch den Ausbruch des Ersten Weltkriegs wurde allerdings die Eröffnung verschoben. Dennoch öffnete es am 16. September 1916, mitten im Ersten Weltkrieg, mit Heinrichs von Kleist „Prinz von Homburg seine Pforten. Seit 1920 ist der architektonisch ansprechende Bau auch Spielstätte von „De plattdütsch Späldäl", der niederdeutschen Bühne Stralsunds. Ab 2005/2006 wurde das Gebäude aufwendig saniert. Zur Wiedereinweihung 2008 konnten die Stralsund neben Kleist auch die Oper „Fidelio" Ludwigs van Beethoven erleben. Die Kosten der Sanierung lagen bei 15,6 Millionen Euro.

Ebenfalls am Olof-Palme-Platz (Nr. 5) steht Richtung Sundufer das historische Warmbad. 1887 wurde es als Dampfbad mit Wannen- und Brausebädern sowie Logierzimmern eingeweiht und ist heute eine Wellness-Oase mit „SalzQuelle". Sie gehen am Kreisverkehr wieder in Richtung Markt. Sie passieren das Kniepertor und biegen in die Schillstraße ab. Die Schillstraße (früher Fischerstraße) trägt seit 1869 den Namen des preußischen Majors, der in Stralsund fiel. Wo sie die Mönchstraße (siehe Tour A) berührt, steht ein 1699 von den Schweden errichteter Gebäudekomplex. Dieser, Schillstraße 39/39a, war unter anderem Adresse eines dänischen Proviantmagazins. Die Dänenzeit währte in Stralsund von 1715 bis 1720, dann übernahmen am Ende des Nordischen Kriegs die Schweden wieder das Regiment. Eine Inschrift weist auf das Jahr 1717, das definitiv nicht das Erbauungsjahr ist. In der DDR nutzte der Saatguthandel dieses Gebäude. Heute befinden sich hier altersgerechte Wohnungen.

Daneben, in Nr. 38, befand sich eine frühere Militärbäckerei, die 1869 gebaut wurde. Die Gebäude auf dem Grundstück Schillstraße 37 dürfen großes historisches Interesse beanspruchen. Das um 1287 errichtete steinerne Gebäude der Familie von der Osten, das inklusive Erweiterungsbau an die Stadtmauer grenzt, gilt Experten zufolge als das wohl am besten erhaltene Adelshaus des Mittelalters in einer norddeutschen Stadt. 1493 erwarb es die Kramer-Compagnie. Im Saal des Haupthauses versammelten sich die Mitglieder auch, um zu feiern. Gegen 1820 wurde das heutige Vorderhaus mit acht Wohnungen für Witwen von Mitgliedern der Kramer-Compagnie gebaut. Manchmal wird auch diese Bezeichnung verwendet, ein anderes Wort für Zunft in Norddeutschland.

Interessant ist der Gebäudekomplex Schillstraße 5–7 auf der gegenüberliegenden Straßenseite des Adelshauses. Heute befindet sich hier das Ordnungsamt. Aber wenn Sie durch den Haupteingang auf den Hof gehen, finden Sie dort die Kapelle St. Annen und Brigitten. Sie wurde durch den Bürgermeister Otto Voge gestiftet und 1470 geweiht. Der Stralsunder Hans Bure übergab 1480 das davor liegende Gebäude den Augustinerinnen. Das Stift wurde der heiligen Anna geweiht. Zu diesem Zeitpunkt gab es bereits ein Brigittenkloster, ein Doppelkloster für Nonnen und Mönche. Es hieß Mariakron und befand sich an der heutigen Mariakronstraße in der Tribseer Vorstadt. Nachdem die letzte Nonne des Klosters Mariakron im Jahre 1559/60 gestorben war, bekam das St. Annen-Stift dessen Ländereien. Mittellose Witwen und Jungfrauen aus dem höheren Bürgerstand durften nun in der

Schillstraße wohnen. Das große Wohnhaus Nr. 6 (1863), wo sich der Haupteingang zum Ordnungsamt befindet, gehört zu den Werken des Stadtbaumeisters Ernst von Haselberg. Nach 2000 wurde der Komplex von insgesamt fünf Gebäuden in mehreren Abschnitten umfassend für die Stadtverwaltung saniert. Die bereits erwähnte Kapelle im Hof ist heute ein Veranstaltungsraum und kann besichtigt werden.

Wenn Sie sich jedoch von der Knieperstraße gleich nach links in die Schillstraße wenden, dann gelangen Sie hinter Nr. 27/28 ins Johanniskloster. Dieses ist ein in Jahrhunderten gewachsenes Kleinod der Architektur mit Konventsgebäuden, Beghinenhaus, einer doppelten Kreuzganganlage und der Kirchenruine. Sehr anheimelnd wirkt das Ensemble der Gebäude des ersten Klostervorhofs mit den malerischen Fachwerkhäusern aus der Wende vom 16. zum 17. Jahrhundert. Hier steht eine Stele, die an die Vertreibung und Ermordung fast aller Stralsunder Juden erinnert. Sie wurde 1988 zum 50. Jahrestag des Judenpogroms der NS-Zeit errichtet. Anfangs stand sie an anderer Stelle, auf dem Apollonienmarkt an der Ecke zur Judenstraße. Nicht

weit davon entfernt hatte es bis 1938 die Synagoge gegeben (auf dem Hof Langenstraße 69). Weil die Stele Anfang der 90er mehrfach beschmiert wurde, erfolgte die Umsetzung zum **Johanniskloster**. Eindrucksvoll ist die Ruine der beim Bombenangriff vom 6. Oktober 1944 zerstörten Kirche. Besser gesagt, des Teils, der nach dem Brand von 1624 gute 13

Jahre später wiederhergestellt worden war. Eine von Hans-Peter Jaeger geschaffene Plastik findet heute in der Ruine einen würdigen Aufstellungsort. Sie wurde nach dem Vorbild von Ernst Barlachs (1870–1938) berühmter Pietà gefertigt und soll an die toten Soldaten des Ersten wie auch Zweiten Weltkriegs mahnen. Seine Gründung (1254) verdankt dieses Franziskanerkloster dem Rügenfürsten Jaromar II. und einigen Adligen, die Grundstücke stifteten. Die Franziskaner, in dem Fall die Minoriten, blieben bis zur Reformation. Nach 1525 kam das Kloster in Stadtbesitz und wurde Armenhaus. Die meisten Bewohner lebten in Sälen. Wer Geld hatte, der konnte sich eine der früheren Mönchszellen als Wohnung sichern oder aber eines der kleinen Fachwerkhäuser auf den Vorhöfen. Im ehemaligen Kloster befand sich bis 1895 auch die „Krankenstube der Schneidergesellen". Das 19. Jahrhundert brachte weitere Nutzungsänderungen. 1825 zog die erste Taubstummenanstalt Stralsunds in den Ostflügel. Zwei Jahre später wurde im Westflügel eine Einrichtung zur Betreuung etwa 100 armer Kinder eröffnet.

Wiederaufbau und Sanierung der im Zweiten Weltkrieg stark in Mitleidenschaft gezogenen Klosteranlage war ohne Herbert Ewe, damals Direktor des Stadtarchivs, nicht denkbar. Seither werden die Gebäude namentlich für das „Gedächtnis" der Stadt genutzt. 1963 begannen Wiederaufbau und Sanierung. Umfangreiche gotische Malereien wurden im Kapitelsaal und den beiden Flügeln des Klosters aufgedeckt. Dazu gehört beispielsweise die Stigmatisation (Auftreten der Wundmale Christi am Körper eines Menschen) des Gründers des Bettelordens, des Heiligen Franziskus (1181/82–1226). 1984 zog die letzten Bewohnerin des Dachbodens aus. Die Senioren lebten hier sehr beengt. Ihre Herde hatten keine Schornsteinanschlüsse. Auf dem Dach suchen Sie diese vergeblich. Der Rauch wurde über den Dachboden ab-

geführt, daher kommt die geläufige Bezeichnung Räucherboden. Durch diese eigenwillige Konstruktion des 17. Jahrhunderts gilt der Räucherboden als technisches Denkmal. Schließlich konservierte der Rauch das Dachgestühl, wehrte Ungeziefer ab und ließ die Stadt zudem Heizkosten und -materialien sparen. Manche der Öfen funktionieren noch heute. Ein Glanzpunkt der Ausstattung ist die **Barockbibliothek**. Etwa 2500 Bücher sind vom Generalgouverneur Axel Graf von Löwen 1761 per Testament der Stadt vermacht worden. Die meisten von ihnen in französischer Sprache. Zurzeit finden umfassende Sanierungsarbeiten im Kloster und am Archivbestand statt. Gehen Sie nun die Schillstraße weiter Richtung Fährstraße. Sie merken, dass das Johanniskloster ein sehr großes Areal einnimmt. Es gilt als größtes, in seiner Substanz noch vorhandenes Franziskanerkloster im Ostseeraum.

Die Fährstraße führt vom Alten Markt/Külpstraße direkt hinunter zum Strelasund. Sie passieren bei Ihrem Weg die Fährstraße entlang das Haus Nr. 25. Hier wohnte ein Ehrenbürger Stralsunds, Heinrich Kruse (1805–1902). Er war Schriftsteller und verfasste dramatische Heimatdichtungen. Direkt daneben befindet sich das Doppelhaus Nr. 23/24. Seit 2011 befindet sich in diesen Häusern der Hotelkomplex „Scheelehof". Dieser ragt noch weiter hinunter in Richtung Stadtmauer. Auch Speichergebäude des Fährwalls zählen zum Hotel. Im Haus Nr. 23 wurde der Apotheker und Chemiker Carl Wilhelm Scheele (1742–1786) als Sohn eines Großkaufmanns und Bierbrauers geboren. Berühmt wurde er als Entdecker des Sauerstoffs (1771). Er ist Namenspatron des Hotels.

Am **Mägdebrunnen** vor dem „Scheelehof" steht ein kleines gelbes Gebäude, Fährstraße 26. Eine unscheinbare Gedenktafel aus Holz erinnert hier an den Einsatz eines polnischen Baubetriebes aus Stettin in den Jahren 1970/71. Er rekonstruierte dieses Haus. Wenn Sie der Straße hier bereits in Richtung Markt folgen, dann kommen Sie am Gebäudekomplex Fährstraße 29/30 vorbei. Bei der ersten sogenannten komplexen Rekonstruktion der DDR-Zeit in Stralsund (1963–1965) blieb nur die barocke Fassade erhalten. Das entsprach der damals üblichen Vorgehensweise.

Ihr Weg führt Sie nun hinunter in Richtung Hafen. Vor dem Gebäude Fährstraße 21 fiel Ferdinand von Schill am 31. März 1809. Auf dem Bürgersteig wurde in der Nacht vom 30. auf den 31. Mai 1835 heimlich eine Gedenkplatte mit dem Todesdatum Schills eingelassen. Aus Sicht des deutschen Arbeiter- und Bauernstaates war der Husarenmajor ein Held. Die Inschrift aus

DDR-Zeiten im Putz rühmt ihn als „Freiheitskämpfer gegen Fremdherrschaft". Husarenmütze, Säbel und Eichenkranz wurden an der Fassade als Kennzeichen des antinapoleonischen Widerstands hinzugefügt. Das Haus ist ein Neubau von 1952.

An der Ecke Fährstraße/Fährwall (Nr. 17) steht eine der ältesten gastlichen Stätten Europas. 1332 wurde das Gasthaus „Zur Fähre" erstmals erwähnt. Wirtin Hanni Höpner ist eine stadtbekannte Persönlichkeit und wirbt für ihr Haus als der ältesten Hafenkneipe des Kontinents. Das Gebäude befand sich vor dem inneren Fährtor, welches nach der Entfestung Stralsunds (1873) abgerissen wurde.

Sie biegen nun ein Stück weiter nach rechts in die Wasserstraße ein. Sie müssen ein wenig laufen, die Semlower Straße kreuzen und finden dann fast direkt am Eingang zur Badenstraße ein interessantes Backsteingebäude, die Stadtwaage. In der Wiegehalle der ehemaligen Waage (Wasserstraße 68) wurde das Gewicht von Waren bestimmt, die sofort verkauft oder versandt werden sollten. Zwischenlagerung war ebenso möglich. Das Gebäude im Stil der Backsteingotik ist heute Kinderbibliothek. Die Stadtwaage liegt schon hinter der Einmündung der Badenstraße, die Richtung Alter Markt führt. Zuvor lohnt noch ein Abstecher zum Fachwerkhaus Wasserstraße 57, an der Ecke zur Langenstraße. Wahrscheinlich wurde es um 1700 für den Schiffer Joachim Reichert errichtet. Neben der Langenstraße 41 ist es der letzte Zeuge der Bebauung vor der Stadtmauer in der „Wasserstadt". Die aus der Erbauungszeit stammenden Wandmalereien könnten zu einer Seemannskapelle gehören. Von hier gelangen Sie sehr schnell zur pittoresken Anlage des Heilgeistspitals (Tour D).

Doch Ihr Weg führt Sie ja von der Stadtwaage hinein in die Badenstraße. Die nach dem Ratsherren Bodo (um 1275) benannte Straße kann auf eine große Zahl interessanter Gebäude verweisen. Ein faszinierendes Gebäude aus den frühen 60er Jahren ist das Verwaltungsgebäude Badenstraße 18, das wegen seines Fassadenschmucks „Konfettihaus“ genannt wird. Der Vorgängerbau wurde beim Bombenangriff 1944 zerstört. Auch die Mitarbeiter des Bauamtes haben mit dem Meyerfeldtschen Palais in der Badenstraße 17 ein sehr schönes Domizil. Johann August Meyerfeldt, seit 1713 und mit Unterbrechung ab 1720/1721 schwedischer Generalgouverneur in Pommern, ließ das Haus nach Entwürfen des schwedischen Ingenieuroffiziers und Architekten Cornelius Loos auf eigene Kosten bauen (1726–1730). Er bezog das Gebäude 1730. Die Anlage war notwendig geworden, da Stralsund ab 1720 Hauptstadt der Provinz Schwedisch-Pommern geworden war. Die Schweden hatten im Nordischen Krieg einen großen Teil Vorpommerns, inklusive des früheren Regierungssitzes Stettin, verloren. Zurzeit wird das Palais saniert.

Direkt dem Bauamt gegenüber ist die Badenstraße 39. Auch dieses Gebäude blieb erhalten. Es wurde 1700 durch den Landrat Rotermund errichtet. Von 1809 bis 1881 versammelten sich hier die vorpommerschen und rügenschen Landstände. Nach umfangreichen Sanierungsarbeiten und einem modernen Neubau auf dem Hof, der durch einen gläsernen Flurbereich mit dem Altbau verbunden wurde, zog 2012 die Musikschule ein. Seitdem prangt auch das Wappen der pommerschen Landstände wieder über dem Eingang.

Ein Stückchen weiter oben in Richtung Rathaus ließ sich der Apotheker und Gewürzhändler Johann von Aker 1710 das Traufenhaus Badenstraße 15 errichten. Zwei Häuser weiter steht das 1724/25 gebaute Barockpalais des Kaufmanns Johann Victor Ehlers. Mehrfach wurde es umgestaltet und den verschiedenen Geschmäckern angepasst. Seit dem Ende des 19. Jahrhunderts befand sich in dem Gebäude Badenstraße 13, die

Ratsbibliothek; auf der freigelegten Malerei im Eingangsbereich heißt es: Ratsbibliothek 1. Treppe. Seit 1920 ist hier die Stadtbibliothek zu Hause. Der Stadtbibliothek gegenüber steht das Gebäude Badenstraße 45. Es verdankt seine historisierende Fassade einer Wiederherstellung von 1988 bis 1990. Über der Tür befindet sich das Relief eines Bären, dem Namensgeber der Apotheke, die sich früher hier befand.

Das 1874 gegründete Geschäft der Goldschmiedefamilie Stabenow Badenstraße 1/2 ist eine der traditionsreichsten Geschäftsadressen der Stadt. Das Haus Nr. 1 wurde 1782 errichtet und das Nachbargebäude Mitte des 18. Jahrhunderts. Stabenow ließ beide Häuser 1930 im Erdgeschoss miteinander verbinden und erweiterte so seine Geschäftsfläche. Damit ist die **Ossenreyerstraße** und schon fast wieder der Alte Markt erreicht. Lohnend ist noch ein Abstecher zum Nikolaikirchhof. Er ist nicht nur außerordentlich malerisch, sondern lässt mit seiner Bebauung auch interessante Einblicke zu. Mitte des 14. Jahrhunderts entstand als Teil der Kirchhofbegrenzung der schmale Backsteinbau an der Ostseite, das ehemalige Küsterhaus mit dem interessanten Pfeilergiebel im Norden. Es wurde auch als Lateinschule zu St. Nikolai genutzt und gilt als architektonisch bedeutendstes Schulgebäude dieser Zeit an der Ostsee. In der zweiten Hälfte des 19. Jahrhunderts wurde der Kirchhof gärtnerisch umgestaltet. Sie gelangen über diesen wieder an die Semlower Straße und von dort aus ist es zum Alten Markt nur noch ein Katzensprung.

DER WIDERSPENSTIGEN ZÄHMUNG
Xanaka
LOTTO

TOUR C

Zu diesem langen Rundgang starten Sie am Neuen Markt. Die Tour C führt Sie durch die Franken- und die Langenstraße. Sie schauen sich auch die Unnütze Straße an. Sie schlendern den Apollonienmarkt und die Ossenreyerstraße entlang und berühren auch den Nikolaikirchhof. Die Heilgeiststraße bringt Sie zur Papen- und Böttcherstraße. Sie gehen an der Filterstraße entlang, kreuzen erneut den Apollonienmarkt und landen schließlich wieder am Neuen Markt.

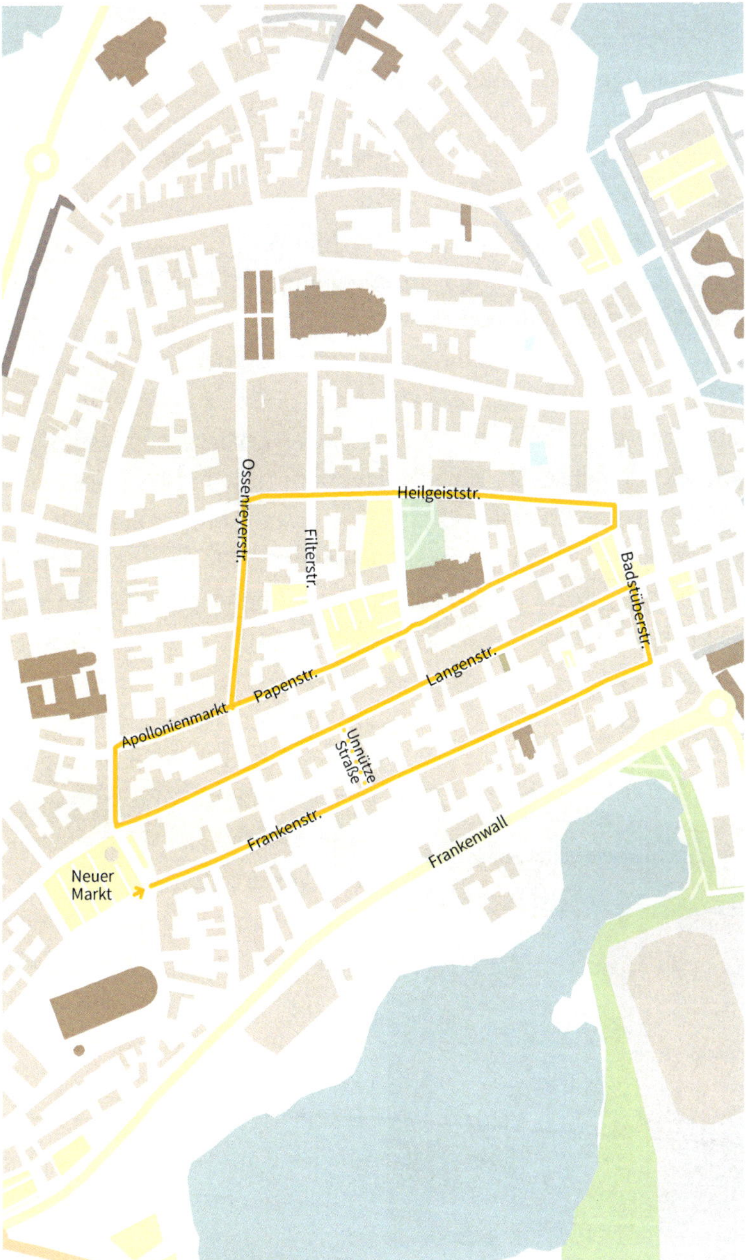
Ossenreyerstr.
Filterstr.
Heilgeiststr.
Badstüberstr.
Papenstr.
Langenstr.
Apollonienmarkt
Unnütze Straße
Frankenstr.
Frankenwall
Neuer Markt

Gleich der erste Blick auf den Stadtplan zeigt Ihnen, dass die Franken- und die Langenstraße schnurgerade zum Hafen hinunterführen und durch mehrere kleine Gassen miteinander verbunden sind. Dieser Teil der Altstadt ist praktisch am Reißbrett entstanden und der jüngste Teil des alten Stadtkerns.

Die vom Neuen Markt (siehe Tour A) Richtung Hafen führende Frankenstraße hat ihren Namen keineswegs von den Franken. Eine Kaufmannsfamilie Vranco war der Namenspatron. Den Eingang zur Frankenstraße flankiert das ehemalige Marinelazarett von 1874 (siehe Tour A). Ein Stück weiter steht auf der rechten Seite das Haus Nr. 9. Es verkörpert ein wichtiges Stück Geschichte der Hansestadt. Denn seit 1635 befindet sich auf dem Grundstück der Sitz der **Schiffer-Compagnie**. Die Geschichte der Schiffer-Compagnie beginnt 1488, als sich 50 Schiffer zu einer „Marienbruderschaft" zusammenschlossen. Soziale Sicherheit, das Bedürfnis nach gegenseitiger Hilfe, die Versorgung von Witwen und Waisen zählten zu den Beweggründen. Die Schiffer-Compagnie erwarb Häuser und entsandte Abgeordnete zu Hansetagen. Die Vereinigung war zunächst bis Anfang des 17. Jahrhunderts in der Semlowerstraße zu finden. Die Frankenstraße 9 diente zunächst als Wohnstätte der Schifferwitwen. Seine heutige Gestalt erhielt das im Kern mittelalterliche Haus mit dem Schiff als Wetterfahne 1828. Ein Jahr später wurde auf

dem Hof ein Kemladen (rückwärtiger, beheizbarer Flügelanbau) für Schifferwitwen errichtet. In den Räumen des Gebäudes in der Frankenstraße werden heute Kapitänsbilder, Schiffsmodelle, Seemannsandenken aus aller Welt und Urkunden aus einer 500-jährigen Geschichte verwahrt. Das Nachbarhaus, Frankenstraße 10, war einst Sitz des niederländischen Vizekonsuls.

Sie passieren die Unnütze Straße, eine der Verbindungen zwischen Franken- und Langenstraße. Im 16. Jahrhundert wurde sie Kuttlose Straße genannt. Eine Anspielung auf Mönche, die hier angeblich ihre Kutte los wurden, um sich mit leichten Mädchen zu vergnügen. Ab 1616 heißt sie dann Unnütze Straße. Das Adjektiv steht für liederlich, auch unanständig. Bis zum 19. Jahrhundert waren in dieser und in der nahen Filterstraße Huren ansässig. Sie unterstanden dem Henker, der in der Filterstraße 2 wohnte (siehe Tour C). Nach 1896 wohnten die leichten Mädchen in Stralsund nur noch in der Mauerstraße, im Abschnitt zwischen Fährstraße und Semlower Straße.

Außerordentlich sehenswert ist das im 14. Jahrhundert errichtete Giebelhaus Frankenstraße 28 mit seiner großer Diele, seinem Hausbaum und dem schönen Garten. Wenn die Tür geöffnet ist, schauen Sie ruhig hinein. Lohnend ist der Blick hinauf zur Galerie von 1687 und zum bis ins Dach reichenden Aufzug. Der gute Zustand des Wohn-, Lager- und Geschäftshauses ist Josef Wycisk zu verdanken, der es von 1970 bis 1978 sanierte. Er hat auch eine bemerkenswerte Sammlung von über 400 verschiedenen Backsteinarten zusammengetragen. Es soll die größte ihrer Art in Norddeutschland sein.

In der Frankenstraße 29 befand sich die Holz- und Kohlehandlung Paul Schröder. Daran erinnern eine Inschrift und das Relief einer Hand, die ein Brikett hält. Eine hübsche Reklametafel, die die Zeit überdauert hat. Die Fassade dieses im Kern mittelalterlichen Hauses wurde 1734 verändert. Seit dem 19. Jahrhundert präsentiert sich der Giebel in seiner heutigen Form.

Auf der anderen Straßenseite befindet sich ein sehr interessanter Gebäudekomplex. Er besteht aus mehreren Häusern, die die Nordseite der Frankenstraße dominieren: die ehemalige „Pommersche Eisengießerei und Maschinenbau-Actien-Gesellschaft". Nr. 61 war die frühere Formerei. Sie entstand 1880. Das Haus Nr. 57 wurde 1872 als Werkstattgebäude im Stil der Neorenaissance errichtet und Nr. 57a gehörte ebenfalls zur Fabrik. In der alten Formerei ist heute das STIC-er Theater zu Hause. In Nr. 57 betreibt es seine Bühne und in Nr. 57a befinden sich heute Studentenwohnungen. Die Eisengießerei wurde 1842 von Kommerzienrat Carl Heinrich Spalding gegründet. Spalding war nebenbei auch noch schwedischer und norwegischer Vizekonsul sowie Ratsherr in Stralsund.

Schauen Sie an Nr. 57a, an der Ecke zur Jacobichorstraße, ruhig nach oben. Die Plastik einer Figur, die ihren nackten Po zeigt, zieht die Blicke aller auf sich. Sie illustriert den früher populären Straßennamen „Arschkerbe" für diesen Teil der Jacobichorstraße. Hier soll es so schmal gewesen sein, wie in einer ... na, Sie wissen schon. Auf der anderen Straßenseite steht das 1748 eingeweihte Gebäude Frankenstraße 39, der Sitz des Katholischen Pfarramtes. Auf dem Grundstück Nr. 38, dessen zugemauerter Eingang verwundern lässt, steht auf dem Hof die 1785 eingeweihte Dreifaltigkeitskirche. Ihren Bau verdankt die Kirche nicht zuletzt einem Wunsch Gustavs III., König von Schweden. Er wollte seinen katholischen Söldnern den Gottesdienstbesuch ermöglichen. Zweimal, zuletzt 1905, wurde die Kirche umgebaut. Der Eingang befindet sich am Frankenwall 7. Erst 1966 entstand der Altarraum, dessen Wand der Künstler Friedrich Press als Rotes Meer gestaltete. Hochkreuz und Altar stammen ebenfalls von ihm. Ältere Ausstattungsstücke – wie eine um 1360 entstandene Madonna aus dem Kloster St. Jürgen am Strande und der etwa 1230 entstandene Taufstein aus gotländischem Kalkstein – gehören ebenfalls zum Besitz der Kirche. Am Nachbarhaus des Pfarramtes, der Nr. 40, illustrieren Inschriften die Geschichte der Nutzer. „Rat der Stadt Stralsund, Leitstelle für Gespanne", heißt es dort unter anderem. Auffällig sind natürlich auch die kunstvollen Türen. Frankenstraße 41 und 49 haben schöne Rokoko-Haustüren.

Nun ist die Ecke zur Badstüberstraße erreicht. Hier zeigt ein Keramikrelief markante Gebäude der Stadt. Diese Kunstwerke hat die Stralsunderin Hendrike Weber (Knieperwall 1c) gefertigt. Dieses Relief gehört zum Rundgang durch Stralsund für sehbehinderte Menschen. An diesem Relief können sie die backsteingotischen Highlights ertasten. Ihr Weg führt nun in die Langenstraße. Nutzen Sie ruhig die lauschige Gasse, in der Sie die Keramiken entdeckt haben. Hier befanden sich einst die städtischen Badestuben. Die Langenstraße bietet wegen des im-

mer noch bestehenden Sanierungsbedarfs kaum echte Hingucker für den Sundreisenden. Dennoch lohnt sich der eine oder andere Halt in der Langenstraße. Die Gebäude 24a und 21 gehörten zur Pommerschen Eisengießerei. Sie grenzen genau an jene Werksgebäude, die Sie aus der Frankenstraße bereits kennen. In Stralsund wurden vor allem Pferderechen, Sämaschinen, Düngerstreuer und Kartoffelsortierer hergestellt. Am roten Haus Langenstraße 58 erinnert eine Gedenktafel an **Gottlieb Mohnike** (1781–1841). Er gilt als einer der Begründer der Skandinavistik und lebte von 1814 bis 1841 als Pfarrer von St. Jakobi in diesem Gebäude. Auf dem Weg zum Neuen Markt kommen Sie auch an der Langenstraße 69 vorbei. Das Haus selbst ist ein Neubau von 1952, doch befand sich auf dem Hof des Vorgängerbaus von 1786 bis 1938 die Stralsunder Synagoge.

Vom Neuen Markt (Tour A) geht es über die Mönchstraße zum Apollonienmarkt. Den Vorgängerbau des Hauses Nr. 16 ließ sich der Orgelbauer Friedrich Albert (auch August) Mehmel Mitte des 19.Jahrhunderts als Wohnhaus und Werkstatt errichten. In Stralsund war er für St. Jakobi tätig. Mehmel hat allein in Vorpommern 45 Orgeln gebaut. Im 1896 errichteten Nachfolgebau des Mehmel-Hauses befand sich ab 1970 für vier Jahre die einzige Skat-Gaststätte der DDR mit dazu passender Einrichtung. „Kreuzbube" sollte an die Spielkartenproduktion in Stralsund erinnern. Heute ist das Gebäude das Verlagshaus der Ostsee-Zeitung. Im Innern erinnert ein großes Gemälde an die Zeit als Skat-Gaststätte.

Das Haus Apollonienmarkt 5 kann auf eine lange Geschichte als Stätte des Kaffeegenusses verweisen. Schon 1905 eröffnete Karl Böttcher im Haus eine Kaffeerösterei. Der Apollonienmarkt ist ein Teil der Haupteinkaufsstraße in Stralsund. Die nach einer Kaufmannsfamilie benannte Ossenreyerstraße nimmt den größten Teil der Stralsunder Fußgängerzone ein. Nach der Wende schick herausgeputzt, wird sie zwischen dem Apollonienmarkt und dem „Ostkreuz“, zunächst durch in der Kaiserzeit entstandene Fassaden geprägt. „Ostkreuz“ nennen die Stralsunder die Kreuzung der Ossenreyerstraße mit der Heilgeiststraße. Im Bereich um diese Kreuzung dominieren historische und moderne Warenhäuser das Stadtbild: wie das Haus Nr. 19 (heute befindet sich hier eine Drogerie). Das Gebäude stammt von 1902, aber es erhielt 1926/27 durch einen Umbau sein heutiges Aussehen. Mit diesem wurde der Architekt Georg Falck beauftragt. Zeitgenossen bezeichneten die Fassade als gelungenes Beispiel modernen Bauens, das sich in das historische Stadtbild einfüge. Bauherr war Alfred Leonhard Tietz, ein Unternehmer jüdischen Glaubens, aus dessen Warenhausunternehmen die GALERIA Kaufhof GmbH entstand. In der DDR hatte hier das Kaufhaus Magnet der HO (Handelsorganisation der DDR) seinen Sitz. Daneben wurde 2006 ein dreigeschossiger Neubau für den Textilhändler C&A eingeweiht.

Ein weiterer Textilhandelsriese, in dem Fall „Peek und Cloppenburg“ errichtete Ecke Ossenreyer-/Heilgeiststraße sein Gebäude. Mit dem eher funktionalen Neubau sollte ein Lückenschluss erreicht werden. Zeitliche Nummer Eins der Nach-Wende-Neubauten war allerdings das 1995 fertiggestellte „Neue Löwensche Palais“, direkt schräg gegenüber. Seine unter Experten umstrittene Gestalt verdankt es dem ersten Stralsunder Architektenwettbewerb, der bundesweit ausgeschrieben wurde. Auch hier war ein Lückenschluss der Grund für die Bebauung. Bis 1944 prägte ein elegantes Barockgebäude die Ecke Ossenreyer-/Heilgeiststraße. Seinen Namen verdankt es dem schwedischen Generalgouverneur und Mäzen Axel Graf von Löwen (1686–1772), der hier wohnte.

Die genannten Gebäude leiten den von Gewerbe bestimmten Bereich rund um den sogenannten Rathausplatz ein (Quartier 17). Dieser wurde 2012/13 mit 24 Einzelhäusern bebaut, die einen Mix von Geschäften, Wohnungen und Büros beherbergen. Die ursprüngliche Bebauung war am 6. Oktober 1944 beim Bombenangriff zerstört worden. Bis nach der Wende lud eine Grünanlage zum Verweilen ein. Während der umfangreichen Ausgrabungsarbeiten tauchten eine Fülle interessanter Funde auf, die nicht nur für die Stadtgeschichte von Bedeutung sind. Der Großteil wartet noch auf seine Auswertung.

Den Neubauten am Rathausplatz gegenüber steht als direkter Kontrast die Ossenreyerstraße 14. Das mittelalterliche Giebelhaus gilt mit seinem auf 1258 datierten Keller bislang als Stralsunds ältestes Steingebäude. Es wurde im 17. und 18. Jahrhundert umgestaltet. Heute erlauben zwei Sichtfenster einen Blick auf die gotische Gliederung der Fassade.

Architektonisch am Interessantesten unter den Kaufhäusern am Rathausplatz ist „Alt Wertheim" mit seinem sehenswerten Lichthof. 1902 kauften die Wertheims in Stralsund die Grundstücke Ossenreyerstraße 8–10 und ließen bis 1903 ein großes Kaufhaus errichten. 1927 erwarben diese Unternehmer die beiden benachbarten Grundstücke 11/12 und erweiterten ihren Konsumtempel inklusive Lichthof. Damals stand der Name der Stralsunder Kaufmannsfamilie für die größte Warenhauskette Europas.

Kurz vor dem Alten Markt wartet mit der Ossenreyerstraße 1 ein kunsthistorischer Höhepunkt auf die Stralsund-Besucher. Das Gebäude an sich ist ein Traufenhaus mit Walmdach und Kolossalpilastern von 1691/92. Doch im ersten Obergeschoss schuf der bedeutende Landschaftsmaler Jakob Philipp Hackert von 1762 bis 1765 einen Tapetensaal mit fünf Wandgemälde. Diese zeigen

Scheinarchitekturen mit sächsischen Landschaften. Auftraggeber für diesen Tapetensaal war der schwedische Regierungsrat und Münzdirektor Adolf Friedrich von Olthof. Hackert gestaltete für seinen Förderer zeitgleich einen ähnlichen Saal auf dessen Sommersitz Boldevitz auf Rügen. Ins Erdgeschoss dieses Stadtpalais zog 2011 eine Ausstellung zum UNESCO-Welterbe ein.

Damit hätten Sie den Alten Markt (Tour A) erreicht, doch wenn Sie neugierig auf die Heilgeiststraße, die längste Straße der Stralsunder Altstadt, geworden sind, dann gehen Sie noch einmal zurück zum „Ostkreuz". Die Heilgeiststraße kreuzt die Ossenreyerstraße und verläuft als zentrale Achse vom Hafenbereich bis hin zum Kütertor. Machen Sie an dieser Stelle, bevor es in Richtung Wasser geht, einen Abstecher nach rechts Richtung Stadttor. Noch sind in diesem Bereich der Heilgeiststraße sanierungsbedürftige Häuser zu sehen. Das Gebäude Nr. 15a ist eines davon. Es war dank dem Schnapsproduzenten Carl Wothke 99 Jahre lang eine bekannte Adresse der Stralsunder Gastlichkeit. Wothke richtete hier 1895 eine Probierstube ein. Mit „ohne Wothkes Aquavit ist das Leben Schiet" wurde erfolgreich geworben. Auch das Nebenhaus Nr. 14/15 wartet noch auf Sanierung.

Nachwenderuhm erwarb der Fischhändler Henry Rasmus, dessen Geschäft sich in der Heilgeiststraße 10 befindet. Er produziert den 1871 kreierten Stralsunder Bismarckhering nach Originalrezept. In den letzten Jahrzehnten mundete er schon Bundeskanzler Gerhard Schröder (SPD) und Bundeskanzlerin Angela Merkel (CDU) sowie dem US-Präsidenten George Bush.

An die frühere Stralsunder Darlehenskasse erinnert am Haus Heilgeiststraße 5 eine Inschrift. Kurz vor dem Kütertor (Tour A) bietet das Haus Heilgeiststraße 94 einen Einblick in die Stralsunder Kunstgewerbeszene des 18. Jahrhunderts. Das Gebäude wurde 1747 von dem Bildhauer Michael Müller als Wohnhaus gebaut.

Sein Werk ist die prächtigste barocke Haustür Stralsunds und war vermutlich gleichzeitig Werbung für seine Kunstfertigkeit.

Jetzt geht es aber Richtung Wasser zum Hafenbereich (Tour D). Eine bekannte Adresse ist die Heilgeiststraße 30, die ehemalige Wulffcronasche Weingroßhandlung. Seit 2010 beherbergt das Gebäude ein Hotel. Der Name erinnert an die früheren Besitzer. Es wurde 1743 gebaut. 1812 übernahm die schwedische Familie Wulffcrona das Gebäude.

Für den Weg zurück zum Neuen Markt gehen Sie nun vom Hafen über die Papenstraße, eine Parallelstraße der Heilgeiststraße. Die Papenstraße weist noch einige interessante Gebäude auf. Leider war gerade diese Straße vom Verfall der 80er Jahre stark betroffen. Vor allem Traufenhäuser, im Mittelalter und der frühen Neuzeit auch Buden genannt, sind und waren hier zu finden. Diese Straße war ein Ort der Handwerker. Im Schatten der Jakobikirche (siehe S. 74/75) stehen heute viele neue Wohngebäude. Ein interessantes Ensemble. Die Single-Wohnungen Ecke Jacobichorstraße/Papenstraße wurden 2009 vom Bürgerkomitee „Rettet die Altstadt" ausdrücklich für sehr gut befunden. Zu den nach der Wende ansprechend restaurierten Häusern gehören Papenstraße 7 und 8, mit dem bunt bemalten Lückenschluss dazwischen. Die mutige Fassadengestaltung verdankt das Gebäude den Künstlern Martin Feistauer und Tine Günther. „Wie müssen wir denken? Was können wir tun?" zieht sich als Spruchband um das Haus.

Unbedingt sollten Sie auch die Filterstraße besuchen. Denn in Nr. 2a/b hatte bis 1841 der Scharfrichter sein Zuhause und seine Wirkungsstätte: Quasi direkt gegenüber der Jakobikirche. Nr. 2a war Gefängnis und Folterstätte und Nr. 2b das Wohnhaus des Scharfrichters. Dies ist ein historisch herausragendes Gebäudeensemble. In keiner anderen Hansestadt des Ostseeraums blieb eine „Fronerei“, wie man auch sagt, erhalten. Die Brandmauer zwischen den beiden Häusern wird auf den Anfang des 14. Jahrhunderts (1307) datiert. Mehrfach brannte das Scharfrichterhaus ab, wurde aber immer wieder aufgebaut. Vom angrenzenden Haus Filterstraße 2b berichten die Quellen 1412, dass ein Gefängnis eingerichtet wurde. Der letzte Scharfrichter starb 1841. Nach 1984 rettete der Mecklenburger Günther Stange das Gebäude Filterstraße 2a vor Verfall und Abriss. Ihn hatte der malerische Nordgiebel des Backsteingebäudes beeindruckt. Stange kaufte das Haus für 2500 Mark der DDR.

Parallel zur Papenstraße verläuft die Böttcherstraße. Das dominante rote Speichergebäude Böttcherstraße 23 beherbergte bis zum 1. März 2014 als Teil des Stralsund Museums eine umfangreiche volkskundliche Sammlung und Ausstellung zur vorpommerschen Tradition und Lebensart. Das denkmalgeschützte Gebäude stammt aus der Mitte des 18. Jahrhunderts. Aus brandschutztechnischen Gründen musste der Museumsspeicher 2014 seine Pforten schließen. Die Hansestadt möchte das Grundstück nun veräußern. Im Zuge der Neugestaltung der Ausstellung im Katharinenkloster werden möglicherweise Teile dieser Sammlung dort integriert. Alles andere soll in einem neuen Zentraldepot auf der Schwedenschanze untergebracht werden.

Über die Böttcherstraße, Ossenreyerstraße und Apolloniermarkt führt Sie Ihr Weg dann zurück zum Neuen Markt.

DIE JAKOBIKIRCHE

Die Jakobikirche ist die jüngste der drei großen Stralsunder Pfarrkirchen. 1303 wird sie erstmals erwähnt. Als schönster Teil der Backsteinbasilika gilt der knapp 70 m hohe Turm. Glasierte Formsteine, Blenden und Friese sorgen für ein im Vergleich zu St. Marien und St. Nikolai deutlich schmuckreicheres Äußeres. Kriege haben diesem Gotteshaus schwer zugesetzt, vor allem der Zweite Weltkrieg. Beim Luftangriff am 6. Oktober 1944 wurden die Kirche und die umliegenden Wohngebäude schwer getroffen. Nach dem Zweiten Weltkrieg sorgten Plünderer und Diebe für weitere Verluste bei der Ausstattung. In den 1980er Jahren zog der Bauhof der damaligen Evangelischen Landeskirche Greifswald (nach der Wende wieder Pommersche und jetzt Teil der Nordkirche) ins Kirchenschiff. Eine Wand trennte Schiff und Altarraum. Dort lagerte der erhalten gebliebene Teil der Ausstattung. 1994 zog die aus dem Bauhof hervorgegangene Firma aus. Die gründliche Restaurierung mit Unterstützung der Deutschen Stiftung Denkmalschutz begann ein Jahr später. In den verschiedenen Räumen der heutigen Kulturkirche finden Theater- und Musikvorführungen (Gustav-Adolf-Saal), Kunstmessen und andere Veranstaltungen statt.

Die Kanzel von Hans Lucht ist ein Glanzstück unter den noch erhaltenen Ausstattungsstücken. 2043 Reichstaler ließ sich die Gemeinde den Predigtstuhl im 17. Jahrhundert kosten. Das ikonographische Programm illustriert die Verbindung von Altem und Neuem Bund, von Altem und Neuem Testament. So tragen die Halbfiguren der Erzengel Michael, Raphael und Gabriel den Korb. Die Tür zum Aufgang schmückt ein Relief der alttestamentarischen Vision Jakobs, nach der er mit einer Leiter von der Erde in den Himmel stieg. Der Jünger Jesu und Apostel Jakobus des Neuen Testaments krönt das Portal. Solche Spätrenaissance-Darstellungen von Personen des Alten und Neuen Testaments gibt es noch einige an der Kanzel. Der ebenfalls von Lucht 1635 geschaffene Schalldeckel führt das beispielsweise mit den Darstellungen der vier Evangelisten sowie Luthers und Melanchthons fort. Das Neue baut auf dem Alten Testament auf. Kunsthistoriker rühmen die Vielfalt des von dem Stralsunder Meister verwendeten Materials.

1870 erhielt der Stralsunder Friedrich Mehmel einen Vertrag zum Bau der erhaltenen Orgel von St. Jakobi. Es ist die größte der drei Königinnen der Instrumente in den Hauptpfarrkirchen. Sieben Jahre dauerte es bis zur Einweihung der stattlichen und vor dem Zweiten Weltkrieg häufig wegen ihrer Klangqualität gerühmten Orgel. Das Schnitzwerk stammt noch von der Vorgängerorgel aus dem Barock.

TOUR D

Über sechs Straßen gelangen Sie direkt zu den Hafeninseln. Ob Sie sich für den Weg über die Fährstraße, Semlower Straße, Badenstraße, Heilgeiststraße, Langenstraße oder Frankenstraße entscheiden, hängt von Ihrem Standpunkt ab.

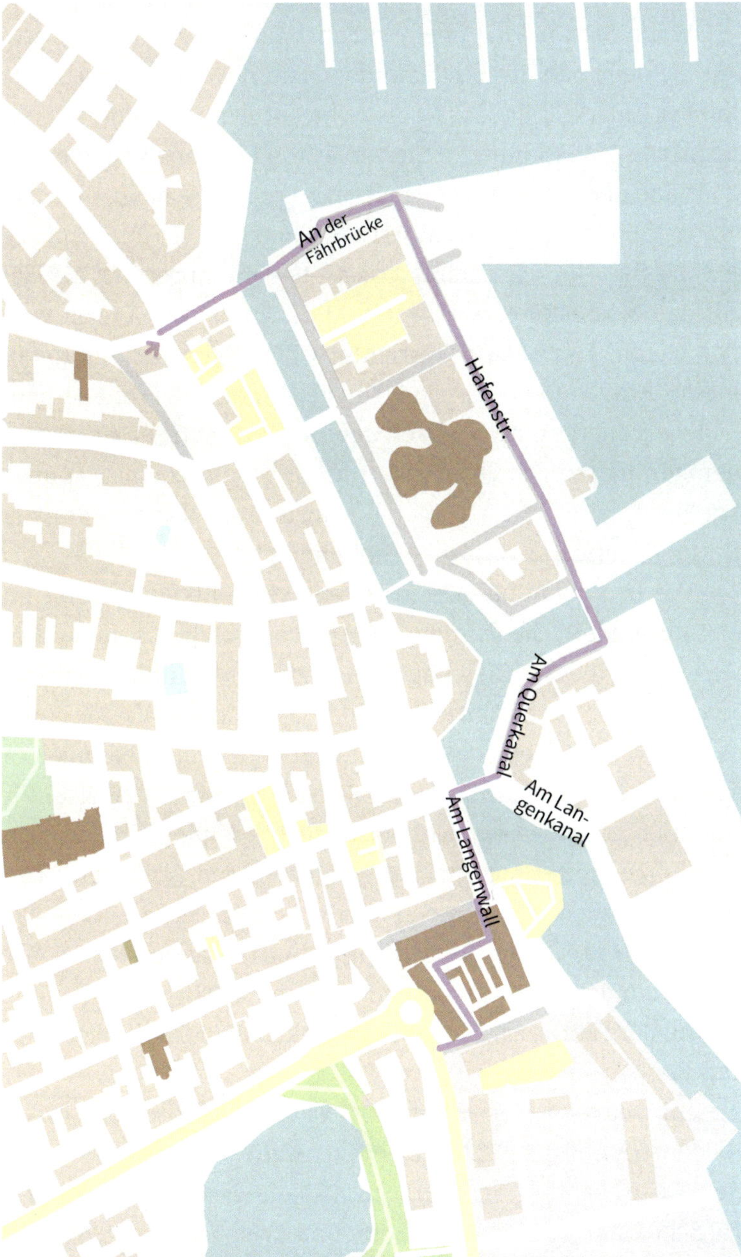
An der Fährbrücke
Hafenstr.
Am Querkanal
Am Langenkanal
Am Langenwall

Wenn Sie Ihr Pfad über die Fährstraße führt, dann gelangen Sie genau an der Stelle an den Hafen, wo die Seestraße in den Fischmarkt mündet. Wobei es eigentlich heißen müsste: in die Straße Am Fischmarkt. Sie verläuft in Richtung Frankenvorstadt und endet an der Langenstraße. Die Straße heißt seit 1938 so. Ab 1869 wurde zunächst nur „Fischmarkt“ als Bezeichnung gewählt. Ein Hinweis darauf, dass im 19. Jahrhundert der Handel mit den Meerestieren vom Alten Markt in diesen Bereich verlegt wurde. Der 1864/65 errichtete Kanonenwagenschuppen auf der Kronlastadie-Bastion (Am Fischmarkt 13a) mit seinem Fachwerkobergeschoss ist seit der umfassenden Sanierung vor wenigen Jahren der wichtigste touristische Anziehungspunkt Am Fischmarkt. Dafür sorgen die ansässigen Restaurants, die Marktscheune und natürlich die schöne Lage.

Die heute viel besuchten Hafeninseln entstanden erst im 19. Jahrhundert. Sie wurden künstlich aufgeschüttet und durften erst nach der Entfestung Stralsunds (1873) mit Steingebäuden bebaut werden. Ab 1868 war das Gelände am Wasser durch den Bau von Kanälen neu gestaltet worden. Ein Eisenbahndamm mit Brücke wurde angelegt. Zu DDR-Zeiten war das Viertel für DDR-Bürger teilweise nicht zugänglich. Heute befinden sich eine Reihe an Restaurants und Hotels auf den Inseln. Auf den beiden Eilanden wurde in den letzten Jahren viel investiert. Sie haben sich zu echten Anziehungspunkten entwickelt. Die auf den Inseln direkt am Strelasund verlaufende Hafenstraße führt von An der Fährbrücke bis Am Langenkanal und verbindet dank der Querkanalbrücke beide Inseln.

Ihr Weg führt Sie von der Fährstraße über die Fährbrücke am Hiddensee-Anleger vorbei Richtung Fähre nach Altefähr. Das Haus An der Fährbrücke 2 wurde 1873 für die Fischkonservenfabrik Th. Schumann gebaut. Der Unternehmer versuchte vor allem mit

Heringsprodukten zu punkten. Das Gebäude An der Fährbrücke 3, das „Fischermanns“ (auch Silo V genannt), entstand 1939/40 als letzter Speicher auf den Hafeninseln. Das Kornlagerhaus ist mit der farbigen Darstellung einer Kogge geschmückt. Richtung Wasser, auf der Ballastkiste (An der Fährbrücke 4), steht ein 1909 errichtetes kleines Fachwerkhaus. Es war damals das Zollabfertigungsgebäude. Hier ankert eine besondere Sehenswürdigkeit, die alte „Gorch Fock“ von 1933 (Gorch Fock, S. 100).

In den großen Koggenspeicher Hafenstraße 6/7 (Silo IV) zog 2013 das Skurrileum ein, das Museum für komische Kunst. Gebaut wurde der Speicher in zwei Abschnitten 1934 und 1937. Dank aufwendig neugotischer Gestaltung fällt der 1905/06 errichtete Türmchenspeicher (Hafenstraße 8) auf den Hafeninseln aus dem eher schlichten Rahmen des Üblichen. Hier wurde früher Getreide getrocknet, heute beherbergt das Gebäude Anlagen zur Energieversorgung des **Ozeaneums**. Der Speicher Hafenstraße 9/10 wurde 1889 eingeweiht. Auch er zählt heute zum Ozeaneums-Ensemble.

Europas Museum des Jahres 2010 hat die Adresse Hafenstraße 11 und setzt bewusst auf architektonische Gegensätze. In einem Wettbewerb, an dem sich knapp 400 europäische Architekten beteiligten, setzte sich das Stuttgarter Büro Behnisch & Partner durch. Das manchmal als „Klorolle“ verspottete Ozeaneum hat die Silhouette der Stadt verändert, aber nicht zum Negativen. Der vierte Standort des Deutschen Meeresmuseums öffnete im Juli 2008 seine Pforten. Neben riesigen Aquarien und spielerischen Freizeitangeboten steht das Bildungsangebot in dem viel besuchten Haus im Vordergrund. Am Ende des Rundgangs bietet die Ausstellungshalle „Riesen der Meere“ noch einen besonderen Höhepunkt. Lebensgroße Modelle von Walen und anderen großen Meerestieren werden in beeindruckender Weise präsentiert. Zu den Publikumslieblingen zählen zehn Humboldt-Pinguine. Sie leben auf der Dachterrasse neben dem Meer für Kinder. Bundeskanzlerin Angela Merkel übernahm 2011 sogar die Patenschaft für die „Frackträgerin“ Alexandra.

Das vielleicht auffälligste Gebäude der ersten Hafeninsel ist Nr. 50. Es wurde 1901 als Lotsenwache errichtet. Architekt war Ernst Dalmer. Das Gebäude wurde auf einer ehemaligen Kasematte der Hafenbefestigung errichtet. Heute ist hier das Hafenamt ansässig. Eine Klappbrücke von 1932 ermöglicht den Übergang zur südlichen Hafeninsel. Dieser wird auch von der Hafenbahn genutzt.

Das heutige Hotel Hafenstraße 13 ließ Carl August Beug 1874 bauen, um Getreide und Eisen zu lagern. Ein Nachbar ist das penthouseartige Haus mit Glasaufbau, Hafenstraße 12b. Der Architekt Jasper Hermann sorgte mit diesem mehrfach preisgekrönten Neubau nach der Einweihung 1997 für Aufsehen. Er gilt als sehr gelungenes Beispiel moderner Architektur in historischem Umfeld.

Auf der südlichen Hafeninsel (eigentlich Hafenhalbinsel) wartet der 1914 eingeweihte, achtgeschossige Speicher an der Holzstraße, das Silo III, noch auf eine neue Nutzung. Diese haben die nahe gelegenen Gebäude an der Straße Am Querkanal bereits, wie das Hotel „Kontorhaus“ und die Gaststätte „Klabautermann“. In letzterer hat der Förderverein der Gorch Fock seinen Sitz. Die Häuser Am Querkanal 46 stammen von 1877. Am Querkanal sind Marken für die Sturmfluten von 1872, 1904 und 1913 angebracht.

Wer die Straße Am Langenkanal Richtung Nordhafen und Rügenbrücke weitergeht, kommt zum Silo II. Das 1935 errichtete Gebäude prägt mit seiner schlichten Fassade Stralsunds berühmte Wasserseite mit.Für den Rückweg zum alten Stadtzentrum am Rathaus empfiehlt sich der Spaziergang am Querkanal, Badenkanal und Semlower Kanal entlang auf der Rückseite des Ozeaneums. Dort bietet sich durch die Neue Badenstraße ein schöner Blick zur alten Lotsenwache.

Doch wenn Sie von der zweiten Hafeninsel den Weg am Heilgeistkanal entlang wählen, kommen Sie über eine Brücke zur Straße Am Langenwall. Sie haben hier Ihre nächste Station, das Heilgeistkloster, erreicht. Es ist eine der bezauberndsten Stralsunder Sehenswürdigkeiten. Wobei die Bezeichnung „Kloster“ falsch ist. Es handelte es sich um ein „Spital/Hospital“, das im Mittelalter für die Versorgung Lebra- und Pestkranker aber auch zur Aufnahme von Fremden und Hilfsbedürftigen gegründet worden war. Durch Spenden wurde das Heilgeistspital vermögend. Es besaß beispielsweise die Insel Ummanz, Teile Hiddensees sowie viele Dörfer im Umland. Im Gebäudeensemble sorgen kleine Fachwerkhäuser des 18. und 19. Jahrhunderts sowie viel Grün für eine Wohlfühlatmosphäre. Interessenten konnten sich früher gegen eine Geldzahlung in einer der Zellen

Wohnrecht im Alter sichern. Heute wird an Einzelpersonen und Familien vermietet. Als das Hospital 1256 erstmals erwähnt wurde, lag es noch am Beginn der Heilgeiststraße, der es den Namen gab. Ende des 14. Jahrhundert wurde die Heilgeistkirche am jetzigen Standort errichtet. Zum Ensemble gehören neben dem Spital auch das 1641 gebaute **Elendenhaus** (Fremdenhaus) und der Kirchgang. Dieser wurde im 18. Jahrhundert errichtet. Er ähnelt dem Innenhof des Stralsunder Rathauses. Ob er Vorbild für die Rathaus-Galerie war oder nicht, ist noch nicht eindeutig geklärt. Über einen Eingang zur Kirche im Innern der Galerie steht: „Den Eingang und den Ausgang laß dir der Herr befohlen seyn. Diese Wohnungen, des H. Geistes sein erbawet Anno 1643." Vom Kirchgang können Besucher durch zwei Pforten auf die Ostempore des Gotteshauses gelangen. Der Besuchereingang zur Kirche befindet sich an der Wasserstraße. Eine Taube ziert das Portal, das Attribut für den Heiligen Geist. Das turmlose Gotteshaus verdankt seine äußere Gestalt dem Wiederaufbau (ab 1715) nach Zerstörungen im Dreißigjährigen und im Nordischen Krieg. Rote Backsteinwände, weiße und graue Pfeiler wählten die Auftraggeber für die Farbfassung aus. Kanonenkugeln in den Mauern, vor allem in der Südwand, erinnern an das Wüten des Kriegsgottes. Die neugotische Gestaltung der Westwand erfolgte im 19.Jahrhundert. Innen präsentiert sich die Kirche schlicht, sie verfügt aber über einige interessante Ausstattungsstücke. Dazu gehören der von Jacob Freese von 1770 bis 1775 geschaffene Altaraufsatz und die 1829 von Carl August Buchholz (1794–1884) gefertigte Orgel. Historisch interessant ist eine Glasmalerei vom Ende des 19. Jahrhunderts. Sie zeigt drei Männer, die den evangelischen Stralsundern damals besonders wichtig waren: Martin Luther, den Schwedenkönig Gustav II. Adolf und den Stralsunder Reformator Christian Ketelhot.

Sie verlassen das Klostergelände nun Richtung Wasserstraße. An deren Ende, beziehungsweise dem Beginn des Frankenwalls, steht an der Ecke zur Klosterstraße das sogenannte Frankenvorwerk. Es erinnert an die von 1815 bis 1873 bestehende preußische Festung. 1892 wurde in schwedischer Sprache eine Gedenktafel für Schwedenkönig Karl XII., der vom 17. Oktober bis 22. Dezember 1715 hier sein einfaches Nachtlager bei seinen Truppen hatte, angebracht. Während dieser Zeit wurde die Stadt von drei Königen belagert. Sie befand sich in der Umklammerung dänischer, preußischer und sächsisch-polnischer Truppen.

DER FRANKENDAMM

Vom Frankenvorwerk führt der Weg über den Frankendamm Richtung Greifswalder Chaussee. Zu den interessanten Häusern gehört hier das frühere Gebäude des DDR-Ministeriums für Staatssicherheit mit einer Gedenktafel (Nr. 5). Der Klinkerbau war für das Marinebauamt in den 1930er Jahren gebaut worden und steht heute unter Denkmalschutz.

Das Hotel „Baltic" (Nr. 22) entstand 1953 zunächst als Ledigenwohnheim. Gleichzeitig wurden die benachbarten Wohnhäuser errichtet. In den 1950er Jahren war Sgraffiti, eine spezielle Form des Fassadenschmucks, populär. Die Obergeschosse wurden mit maritimen Motiven des Stralsunders Erich Kliefert (1893–1994) geschmückt. An die militärische Vergangenheit Stralsunds erinnern Teile des heutigen Goethe-Gymnasiums (Frankenhof 7/8), direkt hinter dem Hotel. Zwischen 1936 und 1939 erhielt die Frankenkaserne unter anderem zwei neue Blöcke, die Gebäude „Leipzig" und „Nürnberg". In der Kaserne lebten Marinesoldaten, die zum Kriegsende als letzte Verteidiger zur Reichskanzlei nach Berlin gerufen wurden. „Nürnberg" wurde nach dem Zweiten Weltkrieg zu Unterrichtszwecken umgebaut. Auch das am Frankenteich gelegene „Stadion der Freundschaft", dem Hotel gegenüber, entstand 1938 in der NS-Zeit als Frankendamm-Sportplatz. Körperliche Ertüchtigung war Staatsziel.

Wenn Sie dem Frankendamm bis zum Kreisverkehr an der Werftstraße folgen, dann passieren Sie auf der rechten Seite den kleinen katholischen Friedhof. Links und rechts neben der Straße laden die zu Parks gewordenen Frankenfriedhöfe (Alter und Neuer Frankenfriedhof) zu Spaziergängen ein. Der Alte Friedhof wurde 1986 umgestaltet, wobei leider viele wertvolle Anlagen zerstört wurden. 1976 folgte die Schließung des Neuen Friedhofs. Der Frankendamm endet hier und geht über den Kreisverkehr in die Greifswalder Chaussee über.

DAS BÜRGERMEISTERVIERTEL

Architektonisch anspruchsvolle Projekte wurden in Stralsund auch in Zeit der Weimarer Republik verwirklicht. Davon legt das nahe dem Frankenteich gelegene Bürgermeisterviertel Zeugnis ab. Sie gelangen am besten vom Frankendamm in dieses Quartier, wenn Sie den schmalen Weg zwischen Stadion und ehemaligem Marinebau (Nr. 5) in die Anlagen am Frankenteich wählen. Fast alle Straßen des Viertels wurden nach früheren Spitzenpolitikern der Sundstadt benannt. Vor allem die Baugenossenschaft für Staatsbedienstete und die Gemeinnützige Aktien-Gesellschaft für Angestellten-Heimstätten ließen in der Frankenvorstadt ab 1926 mehrere Mietshäuser errichten. Architektonisch wird versucht, Neue Sachlichkeit mit Backsteingotik zu verbinden. Am Frankenteich, am Wulflamufer, steht das Denkmal für Lambert Steinwich, der 1627 den Allianzvertrag Stralsunds mit Schweden schloss und in der Stadtgeschichte als großer Gegenspieler Wallensteins des Jahres 1628 gilt. Es wurde von Wilhelm Jacobi geschaffen und 1904 auf dem Alten Markt eingeweiht. 1938 wurde das Denkmal ans Wulflamufer verlegt. Steinwich richtet seinen Blick über Frankenteich und Frankenwall auf seine geliebte Stadt.

DER FRANKENWALL

Noch heute wird das Bild des Frankenwalls durch die früheren Bastionen, halbrunde Befestigungswerke, bestimmt. Der Frankenwall beginnt am Frankendamm und führt Richtung Bahnhof bzw. Knieperteich. Am Frankenwall 7 befindet sich der Eingang zur Katholischen Kirche (Tour C). Der auffälligste Bau am Frankenwall ist die auf der Blauturm-Bastion (auch: Blaue Turmbastion) im Stil der Backsteingotik errichtete Gerhart-Hauptmann-Schule. 1900 erfolgte die Einweihung der höheren Knabenschule. Auf der Weingarten-Bastion steht heute ein Parkhaus, um ein weiteres Beispiel für die Nutzung früherer Festungswerke zu nennen. Wenn Sie dem Frankenwall bis zum Ende folgen, gelangen Sie zum Tribseer Damm über den Sie bequem zum Hauptbahnhof der Stadt spazieren können.

TOUR E

Vom Bahnhof Richtung Knieperwall und Knieperteich

E

Das stattliche Bahnhofsgebäude wurde 1905 eingeweiht. Es wurde im Stil der Neogotik errichtet. Im Innern des Bahnhofs fallen sofort die Malereien auf. Erich Kliefert hat die Wandgemälde 1935 geschaffen. Sie stellen Stralsund und Rügen dar. Vom Bahnhof führen zwei schöne Wege zur Altstadt. Der erste geht über den Tribseer Damm, der zweite über den Jungfernstieg.

Neben dem Bahnhofsgebäude befindet sich ein moderner Hotelbau (Tribseer Damm 76), der bis zum 14. Mai 2014 die Spielbank Stralsunds beherbergte. Gegenüber, Tribseer Damm 1a, steht ein unter anderem von der Sparkasse und dem Katasteramt genutztes Gebäude. Es wurde 1936/37 für die Pommersche Provinzial Lebensversicherung errichtet.

Die große Kreuzung, wo der Tribseer Damm, Frankenwall und Knieperwall zusammenlaufen, führt Sie direkt über die Tribseer Straße (Tour A) zum Neuen Markt. Doch Sie wählen den Weg über den Knieperwall am Knieperteich und der alten Stadtmauer entlang. Am Ufer liegen gärtnerisch gestaltete frühere Bastionen der Festung Stralsund. Die Küter-Bastion (Kütertor: Tour A) diente ab 1929 bis kurz vor dem Zweiten Weltkrieg für längere Zeit als Tiergarten mit Rehen und Hirschen. Ab 1959/60 war es eine Fasanerie mit Ziervögeln und Rhesusaffen. 1993 wurde die Anlage geschlossen. Heute befindet sich dort ein Spielplatz.

Knieperwall 1, der Küter-Bastion gegenüber, ist die Adresse des 1888 gebauten Beghinenhauses. Den weltlichen Frauenorden gab es bereits im Mittelalter. Es handelte sich um ein Konvent, in dem Damen nach strengen Regel zusammenlebten und sich der Wohltätigkeit verpflichteten. Nicht weit von hier befinden sich Atelier, Galerie und Keramikwerkstatt von Hendrike und Wolfgang Weber (Knieperwall 1c; Tour C Badstüberstraßen-Relief).

Der zweite Weg vom Bahnhof zur Altstadt führt Sie an dem 1902/03 für den Gastwirt Hugo Schultze gebauten Bahnhofshotel (Tribseer Damm 4) vorbei zum von Villen gesäumten Jungfernstieg. Vor allem eine der Villen ist von besonderem Interesse (Jungfernstieg 5a). Dieses gelbe, fast völlig aus Holz errichtete Gebäude steht heute unter Denkmalschutz. Es wurde noch vor der Entfestung Stralsunds errichtet, als die Vorstädte noch keine Steinbauten haben durften. Das ehemalige Gartenhaus wird heute als Wohnhaus genutzt. Bis vor kurzen gab es hier das herausragende Restaurant „Tafelfreuden".

Der Jungfernstieg mündet in die Friedrich-Engels-Straße. Durch die Grünanlagen spazieren Sie über den Küterdamm wieder in Richtung Altstadt. Ausgesprochen malerische Blicke bieten sich dem Spaziergänger anschließend beim Weg über die Weißen Brücken, links und rechts befinden sich der Kleine und Große Knieperteich. Die Marienkirche grüßt von Weitem. Der Küterdamm endet am Kütertor (Tour A).

Schon sind Sie am Knieperwall. Er führt Richtung Theater (Tour A) zur Sarnowstraße, benannt nach Karsten Sarnow dem Gegenspieler Bertram Wulflams im 14. Jahrhundert. Auch in dieser Straße dominieren ansehnliche Villen, die nach der Entfestung der Stadt gebaut wurden, das Bild.

Am Knieperdamm bietet ein Bootsverleih samt Gastronomie „Bürgergarten" seine Dienste an. Zu den aufwendigsten Wohnhäusern gehört Knieperdamm 3, das der Kaufhausbesitzer Eduard Zeeck 1882 bauen ließ. Das Nachbarhaus Nr. 4 wurde vom Ratsherrn Omar Kirchhoff in Auftrag gegeben und als Wohnhaus genutzt. Der 1319 erstmals urkundlich erwähnte Knieperdamm führt in die Kniepervorstadt und damit zu den großen Plattenbaugebieten Knieper Nord und West.

Schöne Villen des 19. und 20. Jahrhunderts prägen nicht nur den Knieperdamm, sondern auch die benachbarten Verkehrswege wie zum Beispiel die Gerhart-Hauptmann-Straße (bis 1976

Strandstraße). Eindrucksvoll ist die Villa Nr. 5, „Das Schloss am Sund“. Auf dem Grundstück entstand 1877 die Brauerei der Gebrüder Lorenz mit Wohnhaus und Gartenlokal. 1914/1915 wurde aus dem Produktionsgebäude im Stil der Burgenromantik durch Umbau ein Wohnhaus. In dem lebte unter anderem die Malerin Elisabeth Büchsel (1867–1957). Seit 1917 war hier auch eine Likörfabrik ansässig. 1944 zog eine Stettiner Kaffeerösterei in die frühere Gaststätte. Daraus wurde 1953 die 40 Jahre lang bestehende Kaffeerösterei VEB Kermi.

Doch zurück zum Knieperdamm. Zwischen Knieperdamm und Sarnowstraße liegt Stralsunds ältester öffentlicher Park mit Wiesen, seltenen Bäumen, Wasserspiel und Plastiken: die **Brunnenaue**. Sie wurde schon im 17. Jahrhundert angelegt. Namensgeber ist eine Heilquelle, ein seinerzeit sehr populärer Gesundbrunnen.

TOUR F

Die Sundpromenade entlang Richtung Neubauviertel

F

Die Fähr-Bastion befindet sich zwischen dem Strelasund und der Seestraße. Sie wird auch als Nasses Dreieck bezeichnet. Hier, am Beginn der Sundpromenade, steht ein Gedenkstein für „die auf See Gebliebenen“, das heißt während Schiffsfahrten umgekommene Seeleute. Entlang dem Ufer des Strelasunds erstreckt sich die Sundpromenade vom Nassen Dreieck zum Freibad, dann ins Hohe Ufer übergehend bis hin zur Schwedenschanze. Die vom Gartenbauinspektor Hans Günter 1926 geschaffene Anlage lädt zum gemütlichen Spaziergang ein. Ab 1927 trug die Promenade den Namen „Hindenburg-Ufer“. Der Reichspräsident Paul von Hindenburg war bei einem Besuch in Stralsund für kurze Zeit per Automobil am Sundufer entlanggefahren worden. Nach dem Zweiten Weltkrieg wurde die Promenade in „Thälmann-Ufer“ umbenannt, nach dem von den Nationalsozialisten ermordeten KPD-Führer Ernst Thälmann. Seit der Wiedervereinigung trägt sie die eher unpolitische Bezeichnung Sundpromenade. Gleich am Anfang des Spazierwegs befindet sich das Hansa-Gymnasium (Tour B).

Zwischen Sundpromenade und Knieperdamm steht ein **Denkmal für Ferdinand von Schill**, den 1809 in Stralsund gefallenen Husarenmajor. Die Initiative zu dem großteils durch Spenden finanzierten Kunstwerk Hans-Weddos von Glümer (1867–1915) ging 1905 vom Ersten Bürgermeister und späteren Oberbürgermeister Ernst Friedrich August Gronow (1856–1932) aus. An der Sundpromenade 1a steht in bester Lage eine populäre Gaststätte. Sie trägt den Namen „Ventspils" (deutsch: Windau), nach der lettischen Partnerstadt Stralsunds. An der Sundpromenade steht noch ein zweites Denkmal. Es sollte ursprünglich mit Spendenmitteln errichtet werden. Nach 1945 wurde Ernst Thälmann (1886–1944) zu einem der großen Vorbilder in der DDR aufgebaut. An über 30 Orten der Republik entstanden Gedenkstätten, Büsten und Standbilder. Ab 1954 sammelten die Stralsunder knapp 70 000 Mark für ein eigenes großes Denkmal am „Thälmannufer". Nachdem der gewünschte Künstler absagte, sollte auf Wunsch der DDR-Führung ein Wettbewerb die Lösung bringen. Schließlich wurde mit dem Spendengeld ein Fahrgastschiff gebaut. Letzten Endes fertigte Walter Arnold (1909–1979), damals Vorsitzender des Verbandes Bildender Künstler der DDR, ohne Ausschreibung die Bronzeplastik. Die benötigten 80 000 Mark spendierte der Rat des Bezirkes Rostock. Zur Einweihung der Anlage kam Thälmanns Tochter Irma Gabel-Thälmann (1919–2000), die in der DDR unermüdlich zur Pflege des Andenkens an ihren Vater unterwegs war.

Die Sundpromenade führt weiter zum Stralsunder Badestrand. Von 1922 bis 1925 entstand die Seebadeanstalt. Neben dieser befindet sich das sogenannte Freibad. Bis 2011 wurde es für 2,7 Millionen Euro dem Zeitgeschmack entsprechend umgestaltet. Unter anderem entstand ein großer Platz mit Sitzstufenanlage in Richtung Sund als Verlängerung der Zufahrt zum Krankenhaus am Sund. Auf 400 m Länge wurde der Strand aufgespült. Im Seebad kommen alljährlich die Teilnehmer des Sundschwimmens an. Dieses traditionsreiche Schwimmen findet – mit Unterbrechung – seit 1925 statt. Start ist in Altefähr.

Die Altbauten des großen Klinikums entstanden von 1936 bis 1938 als Marinelazarett an der Großen Parower Straße. Das große von Adolf Wamper geschaffene Keramikrelief an der Straßenfront ist ein eindrucksvolles Zeugnis der Kunst dieser Zeit, die ideal-typisierte Heroen ins Zentrum stellte. Herakles besiegt die Hydra, also sinnbildlich die Krankheit.

Zwischen der Großen Parower und der Prohner Straße liegt das erste große Wohngebiet der DDR in Stralsund. Für Knieper Nord wurde 1958 der erste Grundstein gelegt. 1961 entstand das erste Hochhaus. Weiter westlich wurde ab 1964 das größte Plattenbauviertel Stralsunds, Knieper West, bestehend aus Knieper West I, II und III, gebaut.

Über den Heinrich-Heine-Ring und den Grünhufer Bogen geht es zum größten Einkaufszentrum außerhalb der Altstadt, dem Strelapark. Sehr beliebt sind die Angebote des benachbarten „Hansedoms“, eines Spaßbads mit Wellness-Oase. Auf der anderen Seite des Grünhufer Bogens, direkt dem Strelapark gegenüber, liegt der Stadtwald. Noch ein Stück weiter in Richtung Rostocker Chaussee führt der Weg zu den Wohngebieten Grünhufe und Vogelsang. In Grünhufe entstand 1990/91 die Auferstehungskirche. Jetzt ist das Gotteshaus eine Jugendkirche. Der Altar im Gottesdienstraum wurde von Friedrich Press gestaltet und in Betonguss mit Edelstahl ausgeführt. Sein Entwurf zeigt den Auferstandenen im Kreise seiner Jünger. Derselbe Künstler entwarf den Altarraum der Stralsunder Dreifaltigkeitskirchen (Frankenwall 7).

Von Grünhufe geht es zur Rostocker Chaussee. Lohnend ist ein Spaziergang über das Gelände der ehemaligen „IV. Pommerschen Heil- und Pflegeanstalt“. Sie wurde in ab 1909 in zwei Etappen auf einem 100 ha großen Areal errichtet. Ab 1912 wurden hier psychisch kranke Menschen betreut und behandelt. In der NS-Zeit wurden mehr als 1000 Kranke der Heilanstalt deportiert und ermordet (siehe ab S. 11). Nach 1945 befand sich hier eine

Tuberkuloseheilstätte. Zeitweise lebten auf dem Areal auch Vertriebene aus dem Sudetenland. Seit 1953 dient das Krankenhaus wieder als Psychiatrie. Heute befinden sich auf dem Gelände die psychiatrische, die geriatrische und die onkologische Abteilung des Hanseklinikums.

Nach dem Urteil der Gartenhistorikerin Angela Pfennig ist das heutige Krankenhaus West eine eigenständige Stadt im Grünen. Das weitläufige Gelände, die Gärtnerei und der Landwirtschaftsbetrieb boten Arbeitsmöglichkeiten, was bereits in der damaligen Zeit zu einem wichtigen Teil der Therapie gehörte. Zwei sich kreuzende Achsen erschließen das Gelände. Zur Anlage mit pavillonartigen Gebäuden gehören unter anderem ein Gemeinschaftshaus, ein Wasserturm und eine Kirche. Das 1912 nach Plänen erbaute Gotteshaus wurde mit Ornamenten im Jugendstil ausgemalt. Es steht auf dem höchsten Punkt des Geländes. Die sogenannte Klinikums-Kirche wurde ab 1958 als Lagerraum genutzt und verfiel. Nach aufwendiger Restaurierung ist sie heute ein schöner Raum für Konzerte und andere kulturelle Veranstaltungen.

DER FRIEDHOF ST. JÜRGEN (KNIEPERFRIEDHOF)

Der Friedhof St. Jürgen wurde erst 1675 an jene Stelle verlegt, an der er sich noch befindet. Die Anlage in der Kniepervorstadt gilt als die bedeutendste noch erhaltene historische Bestattungsanlage in Stralsund. Sie erreichen den „Gottesacker“ vom Knieperdamm aus über die Hainholzstraße. Ab 1715 wurden hier Angehörige der Oberschicht beerdigt, wie eine Fürstin zu Putbus. Nachdem die schwedische Regierung 1778 Bestattungen innerhalb der Stadtmauer verbot, stieg die Bedeutung des Friedhofs St. Jürgen, obwohl sich die Stralsunder teilweise über das innerstädtische Beerdigungsverbot bis Mitte des 19. Jahrhunderts hinwegsetzten. Die Bestattungsanlage musste 1844 und 1865 erweitert werden. Die nördliche Klinkermauer stammt aus dieser Zeit. Linden-Alleen wurden angelegt. Acht Jahre später entstanden an den Mauern die ersten Wandgräber in L-Form. Weil die Fläche nicht ausreichte, wurde der

Friedhof ab 1913 ein drittes Mal erweitert. Maschinell gefertigte gusseiserne Kreuze verdrängten nun geschmiedete Handarbeit.

In Richtung Prohn wurde ab 1939 eine neue Begräbnisfläche als „Hauptfriedhof" angelegt. Diese umfasste ein wesentlich größeres Areal, sodass die Bedeutung des Knieperfriedhofs ab 1945, mit Eröffnung des Zentralfriedhofs, spürbar zurückging. Von 1964 bis 1982 waren nur noch Urnenbestattungen in Ausnahmefällen möglich. Zu DDR-Zeiten scheiterten – wie in Greifswald – Pläne, den Friedhof in einen Park umzuwandeln. Allerdings wurden viele Gräber geräumt. In den späten 80ern war der Friedhof leider Dieben und purem Vandalismus überlassen. Viele Statuen und Schmuckelemente wurden entwendet, Grabsteine umgestoßen und beschmiert. Das älteste heute im Wesentlichen noch erhaltene Grabmal ist ein Sockel von 1730 oder 1739. Er befindet sich direkt am rechten Haupteingang von der Hainholzstraße kommend.

Der Spaziergänger trifft auf viele Erinnerungen an Persönlichkeiten von regionaler und überregionaler Bedeutung wie Ferdinand von Schill. Die Franzosen hatten dessen kopflosen Leichnam anonym verscharrt. Sein Haupt schickten sie an den Jérôme Bonaparte, König von Westphalen, den Bruder Napoléons. Dank der Aufmerksamkeit eines Totengräbers wurde Schills Beerdigungsort gekennzeichnet. Zum 25. Jahrestag der Völkerschlacht bei Leipzig legten Bürger eine Eisentafel mit der deutschen Übersetzung von Versen aus Vergils „Aeneis" als Inschrift nieder: „Großes gewollt zu haben ist groß. Er sank hin durch das Schicksal. Am Gestade liegt der mächtige Rumpf. Ward entrafft auch das Haupt, ist doch der Körper nicht namenlos." Auch Rudolf Baier und Otto Dibbelt, die Gründer des Stralsund bzw. des Meeresmuseums sowie die Malerin Elisabeth Büchsel wurden auf dem Friedhof St. Jürgen beerdigt.

Stralsund und viele engagierte Menschen bemühen sich heute dank der Initiative Angela Pfennigs um die Erhaltung und Entwicklung der ab 1990 als „geschützten Park" geadelten Anlage.

DIE GORCH FOCK

Vor über zehn Jahren machte eines der bekanntesten Segelschiffe der Welt, die Gorch Fock, in Stralsund fest. Die auf der Hamburger Werft „Blohm & Voss“ gebaute Bark lief am 3. Mai 1933 vom Stapel. Der Auftrag war im Dezember 1932 erteilt worden. Nur 100 Tage wurden benötigt, um den Nachfolger der im Juli 1932 untergegangenen Niobe zu fertigen. Das 82 m lange Schiff verfügt über 23 Segel mit einer Fläche von 1 797 m^2. Das reicht für eine Geschwindigkeit von 12 Knoten. Mit dem Hilfsmotor werden nur acht erreicht. Der Name „Gorch Fock“ ist das Pseudonym des nahe Hamburg geborenen Schriftstellers Johann Wilhelm Kinau (1880–1916). Er schrieb auf Niederdeutsch. Als sein Hauptwerk gilt der Roman „Seefahrt ist not!“ von 1913. Kinau fiel im Ersten Weltkrieg in der Skagerrakschlacht.

In der Nacht vom 30. April zum 1. Mai 1945 wurde die Gorch Fock von einem deutschen Sprengkommando im Strelasund vor Drigge versenkt.

Sowjetische Panzer hatten das Schiff von Devin aus unter Beschuss genommen. Bereits einige Tage zuvor war die Bark befehlsmäßig außer Dienst gestellt worden. Die Mannschaft war nicht mehr vollzählig und hatte zudem mit dem Abtakeln des Seglers begonnen. Die Maschine war schon auf dem Dänholm eingelagert. 1947 beschloss die Sowjetische Militäradministration in Deutschland das Schiff zu heben und anschließend in Rostock und Wismar instandsetzen zu lassen. Ab 1951 segelte es unter dem Namen Towarischtsch (Kamerad/Genosse) wieder über die Weltmeere. Die Bundesmarine ließ 1958 in Hamburg bei „Blohm & Voss" nach den Plänen der alten eine neue Gorch Fock bauen. Die niederdeutsche Taufrede hielt Rudolf Kinau, Bruder des Namenspatrons. Heimathafen der ersten Gorch Fock war 1958 Cherson in der Ukrainischen Sowjetrepublik. So wurde die Towarischtsch Eigentum der aus dem Zerfall der UdSSR hervorgegangenen Ukraine. Dringend nötige Reparaturen führten 1999 dazu, dass die Bark in Wilhelmshaven festmachte. Die Arbeiten begannen, schließlich erwarb der Verein Tall-Ship Friends 2003 das Schiff und ließ es nach Stralsund verlegen. Hier wurde aus der Towarischtsch wieder die Gorch Fock (I). Die Gorch Fock kann besichtigt werden. Feiern auf dem Schiff oder eine Heirat der besonderen Art gehören ebenso zu den Angeboten. Ob die Gorch Fock jemals wieder über die Meere segelt, erscheint angesichts neuer Gutachten zu fehlender Schwimmfähigkeit sehr fraglich.

DER ZOO

Am Stadtwald entstand 1959 der Tierpark, seit 2005 auch Zoo genannt. Etwa 150 einheimische und fremde Arten können auf einer Fläche von 16 ha bewundert werden. Zurzeit leben im Stralsunder Zoo 900 Tiere. Einzigartig in Deutschland ist die vergleichsweise große Gruppe weißer Esel. Der Zoo hat sich besonders der Zucht jener Haustierrassen verschrieben, die vom Aussterben bedroht sind. Auch einen Schaubauernhof und eine Sammlung historischer Ackergeräte gibt es zu bestaunen. Seit einigen Jahren steht weithin sichtbar auf dem Gelände des Tierparks eine Holländerwindmühle. Die Mahnkesche Mühle befand sich ursprünglich auf der Mahnkeschen Wiese, wo sie bis 1966 noch Korn zerkleinerte. Nach ihrer Stilllegung wurde sie durch Brände schwer beschädigt. Die Mühle wurde 2009 von ihrem alten Standort abgetragen und auf dem Tierparkgelände rekonstruiert.

DIE FACHHOCHSCHULE

Bis zur Wiedervereinigung befand sich in Knieper Nord, auf der Schwedenschanze, eine Ausbildungsstätte von Offizieren der DDR-Volksmarine. Sie war im Januar 1952 als Seepolizeioffiziersschule am Strelasund gegründet worden. 1991 trat an ihre Stelle die Fachhochschule. Hier studieren etwa 2 400 Studenten. Die Studentenunterkunft „Holzhausen“ bietet zweistöckige, hölzerne Häuser für Studenten an. Die Fachhochschule unterhält Kontakte zu 70 ausländischen Hochschulen. Als Fachbereiche werden unter anderem Elektrotechnik, Informatik, Maschinenbau und Wirtschaft angeboten.

TOUR G

Ein Ausflug Richtung Greifswald

G

An der Greifswalder Chaussee befindet sich seit 1850 der von einer Mauer umgebene Jüdische Friedhof. Der älteste erhaltene Grabstein wurde fünf Jahre später aufgestellt. Historisch besonders interessant sind die Grabmale der Kaufhaus-Dynastie Abraham (auch Adolf genannt) Wertheim. Noch im Kaiserreich musste die Friedhofsfläche erweitert werden. Die NS-Zeit brachte das Ende der Gemeinde. Ab 1938 gab es in Stralsund keine jüdische Gemeinde mehr. 1942 verkauften die Nationalsozialisten das Grundstück an die Stadt. Das Gelände des Friedhofs wurde in den 1950er Jahren zur Gedenkstätte umgestaltet. Im Jahr 1997 ging das Areal wieder in den Besitz der jüdischen Gemeinde Mecklenburg-Vorpommern über. Ab 2000 erfolgte eine umfassende Erneuerung und Gestaltung des Friedhofs. Diese waren 2009 abgeschlossen. Am 9. April des Jahres konnte der Jüdische Friedhof eingeweiht werden.

Direkt dem Jüdischen Friedhof gegenüber befindet sich die „Störtebeker Braumanufaktur“. Das 1899 errichtete Brauereigebäude ist ein schönes Beispiel für die solide Gewerbearchitektur des Kaiserreiches, die Zweckmäßigkeit mit architektonischem Anspruch zu verbinden verstand. Sud-, Gär- und Maschinenhaus sowie der Flaschenkeller sind erhalten. Die Familie Nordmann, die die damalige Stralsunder Brauerei nach der Wiedervereinigung erwarb, investierte viel Geld in die Sanierung und Neugestaltung des Unternehmens. Ein Tagungs- und Eventzentrum entstand. Seit 2011 nennt sich die Brauerei „Störtebeker Braumanufaktur“. Stetig werden vor Ort neue Ideen entwickelt und vermarktet. Die Stralsunder Biere sind mehrfach preisgekrönt, national wie auch international. Führungen, Spezialitäten-Seminare, Verkostungen, Sommelier-Abende und anderes mehr sind im Angebot.

Von der Greifswalder Chaussee lohnt sich ein Abstecher in den Ortsteil Voigdehagen. Das dortige Gotteshaus war bis ins 18. Jahrhundert die Mutterkirche der Stralsunder Pfarrkirchen. Zu den bemerkenswertesten Stücken der Ausstattung gehören der 1698 errichtete Altar und die wappengeschmückte Patronatsloge von 1725. Hier saßen die in Stralsund wohnenden schwedischen Herren beim Gottesdienst. Das Gestühl stammt aus der Werkstatt Elias Keßlers (um 1685–1730), eines renommierten Stralsunder Bildhauers des 18. Jahrhunderts.

Zurück auf der Greifswalder Chaussee geht es weiter Richtung Greifswald. Einmal sollten Sie noch vom Weg abweichen, denn der Ortsteil Devin ist ein beliebtes Naherholungsgebiet der Stralsunder. Mit Strand, Park und Kurhaus lädt Devin zum Verweilen ein. Das einstige Dorf gehörte im Mittelalter der Familie von Semlow, Namensgeber der Semlower Straße. In der Neuzeit war es im Besitz des Heilgeistklosters (Tour D). Übrigens: In einem Deviner Vorgarten steht eine immerhin 10 m hohe Kopie des Berliner Fernsehturms, die ein Bürger 1973 baute. Eindrucksvoll ist der Spaziergang zum nahen Naturschutzgebiet Höhe 23. Doch Achtung: Feste Schuhe anziehen.

DIE STADTMAUER

Auf 3100 m Länge umgab eine um 1320 fertiggestellte Mauer bis ins 19. Jahrhundert die Stadt. Zehn Stadttore, bestehend aus Innen- und Außentor, ermöglichten den Zugang nach Stralsund. Manchmal ist auch zu lesen, dass es anfangs ein elftes Stadttor nur für den Landesherrn gegeben haben soll. Dank der Stadtmauer und der die Stadt umgebenden Teiche galt Stralsund im Mittelalter als uneinnehmbar.

Die Schweden bauten Stralsund im 17. Jahrhundert weiter als Festung aus. Nach dem Ende des Nordischen Krieges 1720/21 war es die einzige im pommerschen Teil des schwedischen Königreiches. Alle anderen wurden geschleift. Stralsund musste nach zwischenzeitlichem Ausbau durch die Preu-

ßen bis 1873 auf seine Entfestung warten. Dann ging auch für die Stadt am Sund diese Zeit zu Ende. Ab 1879 war Stralsund Herr der nutzlos gewordenen Befestigung. Einige Stadttore wurden sofort abgetragen und die Mehrheit der 13 Bastionen zu Grünanlagen umgestaltet oder bebaut.

Heute gibt es nur noch zwei der einst zehn Tore (Knieper- und Kütertor). Auch einige Reste der Mauer haben die Jahrhunderte überdauert. Eindrucksvoll ist besonders das Stück am Knieperwall. Teile wurden in den 1980er Jahren von polnischen Spezialisten restauriert. Damit beglich Polen Rechnungen bei der DDR. Wiekhäuser blieben am Katharinenberg 30 und 39 sowie am Knieperwall und Wichmannsgang 2 erhalten. Reste eines altes Wehrturm befinden sich noch in der Nähe des Theaters.

DER DÄNHOLM

Die kleine Insel zwischen Rügen und Stralsund, der Dänholm, ist ebenfalls einen Besuch wert. Nach der Wende pilgerten viele ältere Bundesbürger auf die Sundinsel, um den Ort wiederzusehen, auf dem sie ihre Dienstzeit verbrachten. Denn das Eiland wurde bis 1991 militärisch genutzt. Es kann leicht über die alte Rügenbrücke erreicht werden.

Historiker rühmen den Dänholm, die Insel der Dänen, als Geburtsstätte der preußischen und deutschen Marine. Bis 1429 war der Name Strale für das kleine Eiland gebräuchlich. Lange wurde es von den Dänen als Landepunkt ihrer Flotte genutzt. In jenem Jahr konnte der Stralsunder Bürgermeister Nikolaus von der Lippe eine Flotte der Nordländer schlagen, die zuvor Stralsunds Umland und Rügen geplündert und gebrandschatzt hatten. Militärische Bedeutung erlangte der Dänholm danach erst wieder im und nach dem Dreißigjährigen Krieg. Die Schweden befestigten die Insel. Im Norden entstand in ihrem Auftrag eine sternförmige Anlage. Die heute noch erhaltenen Festungsanlagen errichteten die Preußen nach 1815. Die französischen Eroberer hatten wenige Jahre zuvor die Schanzen der Schweden geschleift, sodass die heute noch erkennbare Sternschanze auf den Fundamenten der schwedischen errichtet wurde. 1849 erwarb das preußische Kriegsministerium die Insel. Ein Marine-Depot wurde für die aufzubauende Flotte eingerichtet. Eine Reihe neuer Gebäude entstand. Ein Hafen wurde im südlichen Teil der Insel angelegt. Da dieser sowohl von Osten als auch von Westen ansteuerbar sein musste, wurde das Eiland in den Großen und Kleinen Dänholm geteilt. Im Kaiserreich waren Infanteristen auf dem Dänholm stationiert. Kaiser Wilhelm I. ließ die Marine in Kiel, Danzig und Wilhelmshaven konzentrieren. Ab 1920 zogen wieder Seestreitkräfte auf die Insel. In der NS-Zeit erfolgte ein weiterer Ausbau. Nach 1934 entstanden fünf Kasernen und ein Wirtschaftsgebäude. Nach dem Zweiten Weltkrieg wurden viele Anlagen zerstört oder zivil als Wohnungen für Flüchtlinge und Vertriebene genutzt. Aus dem Exerzierplatz wurde eine Parkanlage. Aber 1956 kehrte das Militär zurück. Die Nationale Volksarmee, beziehungsweise die Volksmarine, ließ neue Anlagen bauen. Ihr Nachfolger, die Bundesmarine, zog 1991 ab.

Heute dienen die erhaltenen Häuser als Wohnungen und Gewerbestandort. Das Technische Hilfswerk hat hier einen Stützpunkt und der Hafen ist zum Segler-Domizil geworden. Schon 1992 eröffnete das Stralsund Museum eine Außenstelle auf dem Dänholm, das Marinemuseum Stralsund. Der Ort könnte kaum besser gewählt sein: Das Museum befindet sich in der denkmalgeschützten Sternschanze der preußischen Zeit. Sowohl die Geschichte der preußischen, als auch der Reichs- und Kriegsmarine sowie der DDR-Seestreitkräfte gehören zu den Schwerpunkten. Auf dem Außengelände werden unter anderem Motoren, Schiffsschrauben. Schnellboote und ein Marinehubschrauber gezeigt. 1999 wurde hier das Nautineum, eine Außenstelle des Deutschen Meeresmuseums, eröffnet. Es befindet sich auf dem Gelände des ehemaligen Tonnenhofes des Stralsunder Wasser- und Schifffahrtsamtes. Aktuell gibt es Pläne für eine umfassende Neugestaltung des Dänholm.

Eine Aufnahme von 1996

DIE RÜGENBRÜCKE

Von der Insel bietet sich ein guter Blick auf Deutschlands längste Brücke. Sie wurde 2007 eingeweiht. Immerhin 4 100 m misst die gesamte Querung, von denen 2 831 m direkt über den Sund führen. Circa 22 000 t Stahl und 71 000 m^3 Beton wurden für die Verbindung des Festlandes mit Rügen verbaut. Kernstück ist der 128 m hohe Pylon, der jenen Teil der Brücke hält, die den Ziegelgraben überquert. So wird der Arm des Strelasunds zwischen

Dänholm und Festland genannt. Die Durchfahrtshöhe beträgt an dieser Stelle 42 m. Von hier ist im Vorbeifahren ein eindrucksvoller Blick auf Stralsunds Schokoladenseite möglich. Der letzte Abschnitt bis zur Anschlussstelle Altefähr verläuft auf einem Damm. Die Gesamtkosten dieser ingenieurtechnischen Meisterleistung belaufen sich auf 125 Millionen Euro. 500 Bauleute von 80 Firmen waren beteiligt.

Damit gibt es zwei Möglichkeiten Rügen auf dem Landweg zu erreichen. Die erste wurde 1936 für den Eisenbahn- und 1937 für den Autoverkehr eingeweiht. Er besteht aus mehreren Teilen, die üblicherweise zusammenfassend als Rügendamm bezeichnet werden. Die Ziegelgrabenbrücke, die die Stadt mit dem Dänholm verbindet, ist 133 m lang. Deren mittlerer Teil wird sechs Mal am Tag hochgeklappt, um die Passage für Schiffe mit Masten oder höheren Aufbauten zu ermöglichen. Hinter der Ziegelgrabenbrücke beginnt auf dem Dänholm der Rügendamm, der über die Insel hinaus in den Sund hineinragt. Das letzte Stück bis Altefähr ist die 540 m lange Rügendammbrücke. Die erste Verbindung von Festland und Insel wird nach wie vor von Fußgängern, Radlern, der Eisenbahn aber auch Fahrzeugen genutzt, die u.a. den Dänholm erreichen wollen. Bis zur Fertigstellung des Rügendamms mussten die ab 1883 auf der Insel fahrenden Züge den Strelasund mit Hilfe eines Trajekts überqueren. Das Trajektieren kostete Zeit. Was vor allem bei der Bahn, ab 1897 fuhren auch Schnellzüge in Richtung Rügen, aber auch bei den ersten Autofahrern auf Kritik stieß. Nach der Jahrhundertwende nahm der Verkehr stark zu. Bereits vor dem Ersten Weltkrieg gab es Pläne, eine Eisenbahnbrücke zu bauen. 1929 nutzen etwa 185 000 Reisende die Zugstrecke, die ursprünglich für maximal 40 000 Passagiere ausgelegt war. Ein Jahr später wurde in Stralsund ein Verein zur „Förderung einer festen Verbindung mit Rügen" gegründet. Für die neue Eisenbahnbrücke nach Rügen wurde auch eine neue Zugstrecke in Stralsund gebaut. Die berührte allerdings den hiesigen Hauptbahnhof nicht mehr. So entstand der Stralsunder Rügendamm-Bahnhof als Anschlussstelle für die Stadt. Wie vor dem Bau der neuen Rügenbrücke gab es die Idee, diese erste Querung mit einer Maut zu refinanzieren.

DIE NIKOLAIKIRCHE

Stralsund ist eine Stadt der Superlative. In Sachen Ausstattung muss St. Nikolai keinen Vergleich mit anderen Kirchen der Ostseeregion scheuen. Die heutige Farbigkeit der Kirche entspricht dem Zustand der Zeit um 1350. Diese gilt als eigenständige Schöpfung von großem Detailreichtum, die in Norddeutschland ihresgleichen sucht. Im Mittelschiff sollte man einmal nach oben schauen, um den goldenen Fries mit 50 Wappen von Bürgermeistern und Ratsherren der Stadt zu betrachten. Das gewaltige Gotteshaus ist ein herausragendes Denkmal der Backsteingotik und beeindruckt schon durch die Dimensionen. Das Äußere der ältesten der drei großen Pfarrkirchen der Stadt (erste urkundliche Erwähnung 1276) wird vor allem durch das Vorbild französischer Kathedralen geprägt. 1279 wurde der erste Hochaltar geweiht. Aus dem 14. Jahrhundert stammt die Doppelturmanlage. Über 102 m ragt der Südturm mit seiner barocken Laterne samt Wetterhahn in die Höhe. Ein frühes Beispiel der glanzvollen Ausstattung ist die vor 1280 geschaffene Stuckplastik Anna-Selbdritt (das Jesuskind mit seiner Mutter Maria und Großmutter Anna). Sie gilt als eine der bedeutendsten Großplastiken des Ostseeraums.

Vom Reichtum der mittelalterlichen Stadt zeugten 56 Altäre. Die Mehrheit fiel dem reformatorischen Bildersturm 1525 zum Opfer. 56, das war nur einer weniger als in der Danziger Marienkirche und 16 mehr als in Lübecks St. Marien. Auch das belegt nicht nur die Frömmigkeit der Bürger, sondern auch den Reichtum Stralsunds. Hier wurden Messen gefeiert, für die Priester angestellt wurden.

Der erhaltene Hochaltar im Hohen Chor ist 4,20 m hoch und 6,70 m breit (mit Flügeln). Ursprünglich war er von mehreren Hundert Figuren geschmückt. Trotz Kriegsschäden ist es ein beeindruckendes Kunstwerk. Er wurde um 1480 von einer Stralsunder Bildhauerwerkstatt gefertigt und zeigt in der Mitte die Kreuzigung Jesu in der modernen Interpretation des Künstlers Johann-Peter Hinz von 1997.

Unmittelbar neben dem Hochaltar steht der Ende 15. Jahrhunderts geschaffene Schneideraltar. Der Bürgermeisteraltar mit den Wappen der Bürgermeister Zabel Oseborn (Amtszeit: 1494–1526) und Henning Mörder (Amtszeit: 1500–1516), der Altar der Familie Junge (um 1430 von der Familie gestiftet), der Bergenfahreraltar (um 1500, Bergenfahrer sind die Kaufleute, die im norwegischen Bergen Handel trieben), der Altar der Beutler und Riemer (1451, Handwerker, die bestimmte Lederwaren fertigten) und der Olav-Altar (um 1410, mit einer Plastik des ersten christlichen norwegischen Königs und Heiligen im Mittelteil) können ebenso bewundert werden. Die Besichtigung des letzteren war 2010 ein Höhepunkt des Besuchs des norwegischen Kronprinzenpaares in der Hansestadt. Am Krameraltar, der heute nicht mehr in der Kirche zu finden ist, wurden im späten Mittelalter nach der sonntäglichen Predigt Almosen verteilt.

Aus der Fülle der weiteren Ausstattungsstücke können hier nur einige erwähnt werden. 1611 wurde die von Moses getragene Kanzel aus Sandstein mit schmückenden Alabasterreliefs eingeweiht. Der Schalldeckel, dessen Krönung im Zweiten Weltkrieg verloren ging, stammt von 1678.

Von hohem Wert ist der barocke Hauptaltar. Kein Geringerer als Andreas Schlüter (1659/60–1714), der berühmte preußische Bildhauer, entwarf diesen. Umgesetzt hat den Entwurf allerdings ein Schüler Schlüters, der Stralsunder Thomas Phalert. Zwei Gesellen aus der Berliner Werkstatt Schlüters waren ihm zur Seite gestellt. Als der Altar 1708 fertig gestellt worden war, fehlte lediglich noch die Bemalung. Elias Keßler, der es zu hohem künstlerischen Ansehen in der Region und darüber hinaus brachte, bemalte den Altar 1733 und fügte zwei Jahre später auch die Vergoldung hinzu. Auf dem Hauptbild ist das Auge Gottes umgeben von Engeln und Wolken, in einer sogenannten Wolken- oder Strahlengloriole, zu sehen. Darüber befindet sich das Letzte Abendmahl als Relief. Figürlich ist die Kreuzigungsszene im oberen Bereich dargestellt. Maria und Johannes blicken zu Jesu am Kreuze hinauf, begleitet von den Personifikationen der Tugenden „Hoffnung“ (Anker) und „Glaube“ (Buch). Die ursprünglich auf der Rückseite dargestellte Ölbergszene ist ein Kriegsverlust. Der Schlüteraltar trennt den Hohen Chor vom Kirchenschiff.

Hinter dem Hochaltar befindet sich die von Nikolaus Lilienfeld gefertigte Astronomische Uhr. Am 6. Dezember 1394 wurde sie in der Kirche geweiht. Sie gilt als die älteste im Original erhaltene Uhr dieser Bauart. Bedauerlicherweise blieb sie bereits um 1500 stehen. Einmalig sind die Reste des um 1420 geschaffenen Gestühls der Rigafahrer. Die Relieftafeln illustrieren den Alltag der russischen Pelztierfänger, Honigsucher und Wachssammler sowie den Verkauf an einen hanseatischen Kaufmann. Auch das Gestühl der Krämer-Compagnie im Mittelschiff ist näheres Hinschauen wert. Ein Keulenschwinger (von 1574) droht allen Nicht-Krämern Gewalt an: „Das ken Kramer ist, de blief da buten Oder ick schla em up de schnuten." („Wer kein Kramer ist, bleibe draußen oder ich schlage ihm auf die Schnauze!")

Das reich verzierte Ratsgestühl der Ratsherren im südlichen Seitenschiff wurde in dieser Form erst 1652 fertig. Neben dem Stralsunder sind die Wappen der vier damals amtierenden Bürgermeister Christoph Krauthof (1627–1655), Nicolaus Elver (1634–1655), Theodor Meyer (1637–1670) und Nicolaus von Braun (1644–1654) zu sehen.

St. Nikolai ist eine herausragende Begräbnisstätte. Mitte des 14. Jahrhunderts wurde erstmals in der Kirche beerdigt. Besonders interessant und wertvoll ist die Grabplatte des Bürgermeisters Albert Hövener (gest. 1357). Sie stammt aus dem flämischen Raum und besteht aus Messing. Platten wie diese waren damals reine Exportschlager. Nach der Reformation wurden die meisten der ehemaligen Altarnischen zu Grabkapellen mit aufwendig gestalteten Schauwänden umfunktioniert. 1896 erfolgte die letzte Beisetzung in der Charisius-Kapelle direkt gegenüber der Astronomischen Uhr. Auch nachreformatorische Grabplatten wie die für Nikolaus Sasse (gest. 1601) und den königlich schwedischen General Jacob MackDuwall (gest. 1634) sind aufwendig gestaltet. Ein Prunkstück ist ebenso die 1732 von dem Ratsherr Nikolaus Pansow gestiftete Taufe mit reichen Figurenschmuck, den der bereits erwähnte Elias Keßler schuf. Das achtstrahlige Sonnenrad und der von zwei Löwen flankierte Baum des Lebens schmücken diese Taufe. Aber St. Nikolai verfügt noch über eine zweite sehr wertvolle Tauffünte aus Gotländischem Kalkstein aus der Zeit um etwa 1260. Sie steht rechts vor dem Hochaltar. Als letztes sollen die beiden Orgeln der Kirche genannt werden. Die Schuke-Orgel entstand 1986. Doch das Highlight bildet die romantische Buchholzorgel im Hauptschiff. Sie wurde von Carl August Buchholz 1841 gebaut und gilt als die größte erhaltene Orgel in Deutschland aus der ersten Hälfte des 19. Jahrhunderts. Von 2003 bis 2006 wurde die Königin der Instrumente für 1,6 Millionen Euro saniert. Seit dieser Zeit klingt sie wieder durch die ehemalige Ratskirche Stralsunds.

STELLWAGEN
HAT DIESES WERCK
ANNO 1659

DIE MARIENKIRCHE

Auch die Marienkirche ist ein Superlativ. Der gotische Backsteinbau ist das größte Stralsunder Gotteshaus. Vom 104 m hohen Turm bietet sich ein fantastischer Rundblick auf Stralsund und seine Umgebung. Wagen Sie ruhig den Aufstieg über 366 Stufen auf 92 m Höhe. Sie werden es nicht bereuen. Der Turm hat eine eigene Geschichte. Als 1549 im englischen Lincoln der Turm der Kathedrale einstürzte, soll der Turm unserer Marienkirche mit einer angeblich 150 m hohen gotischen Spitze das höchste Gebäude der bekannten Welt gewesen sein. 1647 wurde er durch Blitzschlag zerstört. Der dadurch ausgelöste Brand vernichtete bis auf zwei Ausnahmen (ein Kruzifix an der Westturmwand des späten 15. Jahrhunderts sowie eine dreiteilige Schnitzfigurengruppe vom Anfang des 15. Jahrhunderts) das gesamte Interieur der Kirche. Die Dimensionen des Gotteshauses sind monumental. Bis zu 96 m lang und 41 m breit ist der Innenraum, knapp 33 m hoch das Mittelschiff.

Erstmals urkundlich erwähnt wurde die Marienkirche 1298. Ein knappes Jahrhundert später (1382) war der Bau beendet. Im gleichen Jahr stürzte der Turm ins Mittelschiff. Eine erneute Grundsteinlegung für das Westwerk mit Turm erfolgte 1416. Das Westwerk besteht aus einem großen Mittelturm, der von vier kleineren Treppentürmen flankiert wird sowie zwei Seitenhallen, die auf 300 Eichenpfeilern bzw. -rosten ruhen. Beim „Kirchenbrechen" während der Reformationszeit wurden große Teile der Innenausstattung der Marienkirche zerstört. Im Mittelalter existierten immerhin 44 Altäre und etwa 200 Schrankaltäre in dem Gotteshaus. Eine ungewöhnlich hohe Zahl, die wie in St. Nikolai den Reichtum der Stadt im Mittelalter belegt.

Von 1807 bis 1810 nutzten die französischen Besatzer das Gotteshaus als Kaserne und Heumagazin. Das führte zu weiteren Verlusten bei der Ausstattung.

Im Hohen Chor steht ein vor 1498 entstandener Altar, der die Krönung der Gottesmutter Maria illustriert. Der Altar war nicht für die Stralsunder Marienkirche gefertigt worden. Er ist eine Stiftung der bedeutenden pommerschen Adelsfamilie Behr. Ab 1881 fristete er in einer kleinen Friedhofskapelle in Semlow ein eher trauriges Dasein, bis er an die Stralsunder Mariengemeinde verliehen wurde. Von 1992 bis 1999 wurde der Altar dank einer Spende des Kieler Kulturrates restauriert. Seit Abschluss der Restaurierung steht er im Chor der Marienkirche. Viele Kirchenbesucher kommen eigens wegen der von Friedrich Stellwagen von 1653 bis 1659 gefertigten Orgel in die Marienkirche. Sie ist wohl das größte und auch bedeutendste Werk des Meisters. Nach der Restaurierung, die 2008 abgeschlossen wurde, erklingt eine der schönsten Barockorgeln Norddeutschlands wieder in vollkommener Schönheit. 3500 Orgelpfeifen und 52 Register verlangen vom Organisten vollste Konzentration. König David, der Begründer der Kirchenmusik, steht im Zentrum und scheint mit seiner Harfe die Orgel begleitet zu wollen. Die heute noch genutzte Taufkapelle im südlichen Seitenschiff in der Nähe des Chors stammt von 1738. Auch sie wurde nach der Wende restauriert. Unter den Grabmalen ragt das des schwedischen Grafen Johan Paulinus Lillienstedt von 1732 heraus. Es wurde von dem Antwerpener Johann Baptist Xavery aus Marmor geschaffen und gilt als bedeutendstes Werk seiner Art in Pommern. Auch die sieben barocken Schauwände von Grabkapellen sind bemerkenswert. Die Grabkapelle des Grafen von Küssow ist schon allein deswegen interessant, da sie nicht vollendet wurde. Drei Messing-Kronleuchter von 1639, 1557 und 1649 lohnen die nähere Betrachtung. Das größte Exemplar, fast 3 m hoch, ist mit einem Pelikan geschmückt, der mit seinem Fleisch und Blut seine Jungen ernährt. Der Leuchter wurde von einem Stralsunder Kaufmannspaar gestiftet, das außerdem für die nötigen Kerzen sorgte.

Außen an der Südseite der Marienkirche steht die Apollonienkapelle. Sie wurde 1416 als Sühne für drei im Jahre 1407 von den Stralsundern auf dem Neuen Markt verbrannten Priester errichtet. Diese Priesterverbrennung, auch „Papenbrand thom Sunde" genannt, war die Reaktion auf Plünderungen des Tribseer Archidiakons Cord Bonow. In der Folge wurde die Stadt vom Schweriner Bischof mit dem Kirchenbann belegt. Der von den Stralsundern reich beschenkte Papst griff zugunsten der Hansestadt ein. Doch letzten Endes war der Papst weit weg, der Bischof jedoch nicht. Stralsund musste dem Schweriner nachgeben. Er konnte unter anderem die Zahlung einer großen Geldsumme erreichen, die er für den Bau des Schweriner Doms verwendete. Wenn man bedenkt, wie sehr die Marienkirche im Verlauf der Geschichte Zerstörung und Verwüstung ausgesetzt war, ist die Ausstattung umso bemerkenswerter.

ANHANG

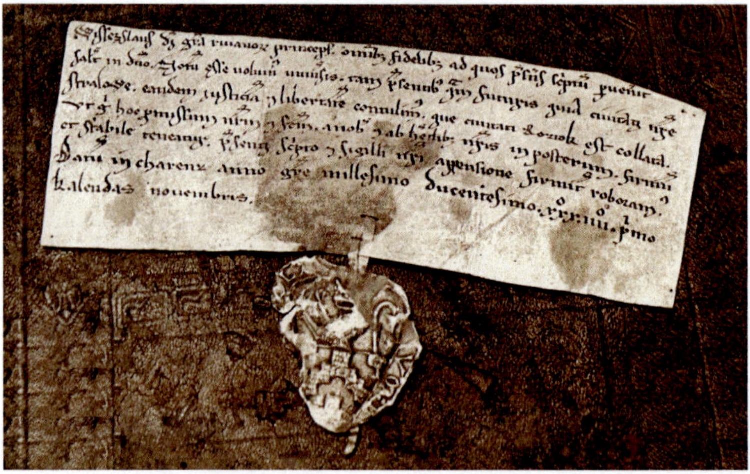

Stadtgründungsurkunde vom 31. Oktober 1234

ZEITTAFEL

1234	Verleihung des Lübischen Stadtrechtes durch Wizlaw I., Fürst von Rügen
1249	Überfall der Lübecker auf Stralsund.
1251	Erste Erwähnung des Katharinenklosters
1254	Gründung des Johannisklosters
1256	Beginn des Baus der Stadtmauer und erste Erwähnung der Neustadt
1276/ 1298/ 1303	Erste Erwähnungen der Stadtkirchen St. Nikolai, St. Marien und St. Jakobi
1293	Lübeck, Rostock, Wismar und Greifswald schließen ein Bündnisabkommen. Das war ein wichtiger Schritt bei der Entstehung der Hanse.
1316	Sieg der Stralsunder über eine Fürstenkoalition im Hainholz
1325	Mit Wizlaw III. stirbt der letzte Fürst von Rügen aus dem Geschlecht der Ranen. Im Kampf um die Nachfolge setzt sich das pommersche Geschlecht der Greifen durch.

1370 Die Hanse und der Dänenkönig Waldemar IV. Atterdag unterzeichnen im Stralsunder Rathaus den Friedensvertrag, der den Krieg der Dänen gegen die Hansen vorläufig beendet. Die Hanse ist auf dem Höhepunkt ihrer Macht.

1525 Die Mehrheit der Stralsunder tritt zum evangelischen Glauben über. Johannes Aepinus verfasst die erste protestantische Kirchenordnung überhaupt.

1560 Gründung des Gymnasiums in einem Teil des Katharinenklosters

1627 Bürgermeister Lambert Steinwich und Schwedenkönig Gustav II. Adolf unterzeichnen einen Allianzvertrag.

1628 Von Mai bis Juli belagern kaiserliche Truppen unter Albrecht von Wallenstein die Stadt. Die Kaiserlichen geben auf, Stralsund wird zur schwedische Garnison.

1637 Mit Bogislaw XIV. stirbt das Geschlecht der pommerschen Herzöge im Mannesstamm aus.

1648 Im Ergebnis des Westfälischen Friedens wird der westliche Teil Pommerns (Vorpommern) schwedisch. Der schwedische König ist nun auch Herzog von Pommern.

1678 Der Große Kurfürst, Friedrich Wilhelm von Brandenburg, belagert die Stadt und schießt sie binnen 22 Stunden zur Hälfte in Schutt und Asche. Ein Jahr lang ist Stralsund brandenburgisch und geht dann wieder an die Schweden zurück.

1680 Der schwerste Stadtbrand beschädigt auch das Rathaus.

1715 Beginn der fünf Jahre andauernden Dänenzeit im Nordischen Krieg

1720 Schweden verliert den bis zur Peene reichenden Teil Vorpommerns inklusive Stettin (Altvorpommern) an Preußen. Stralsund wird Sitz des Generalgouverneurs von Schwedisch-Pommern. Im Gegensatz zu anderen pommerschen Städten bleibt Stralsund Festung.

1757 Ansiedlung der ersten Juden

1766 Eröffnung des ersten Theatergebäudes in der Mönchstraße

1807 In den Napoleonischen Kriegen marschieren erstmals französische Truppen in Stralsund ein.

1809 Der Freiheitskämpfer Ferdinand von Schill fällt in der Fährstraße.

1815 Der Rest Vorpommerns (Neuvorpommern) geht an Preußen.

1818 Stralsund wird Sitz eines Regierungsbezirkes

1848	Der erste deutsche Kriegshafen entsteht auf dem Dänholm.
1863	Anschluss an das Eisenbahnnetz
1873	Stralsund Festungscharakter wird aufgehoben. Die Stadt wird kreisfrei.
1887	Erster privater Telefonanschluss
1894	Beginn der Erzeugung von Elektrizität für Beleuchtungszwecke
1900	Eine Straßenbahn nimmt den Betrieb auf (bis 1966).
1932	Stralsund ist kein eigenständiger Regierungsbezirk mehr (Vereinigung mit Stettin).
1936	Einweihung der Rügenbrücke
1944	Bombenangriff auf Stralsund
1945	Kampflose Übergabe an die Rote Armee
1948	Gründung der Volkswerft
1964	Grundsteinlegung für das erste Plattenbauviertel Knieper West
1989	Friedliche Revolution
1991	Gründung der Fachhochschule auf dem Gelände der früheren Offiziershochschule
2002	Die Stralsunder und die Wismarer Altstadt werden gemeinsam in die Welterbe-Liste der UNESCO als Weltkulturerbe eingetragen.
2007	Die neue Rügenbrücke wird eingeweiht.
2008	Das Ozeaneum öffnet seine Pforten.
2011	Stralsund verliert infolge einer Kreisgebietsreform seine Kreisfreiheit und wird Hauptstadt des neugeschaffenen Kreises Vorpommern-Rügen.

Plakette im Buttergang des Stralsunder Rathauses

AUSZÜGE AUS DER LITERATUR

Aus: Zur Eröffnung des Eisenbahnbetriebs über den Rügendamm am 5. Oktober 1936 (Reichsbahnoberrat Dr. jur Compter, Stettin; Der Rügendammplan von 1933)

Drei Jahre lang ist das Gelände des Dammbaus ein Feld unermüdlichen Schaffens gewesen, das nicht nur 800 bis 1200 Volksgenossen an Ort und Stelle, sondern auch durch die Herrichtung der verwendeten Baustoffe und Baugeräte alle Art einer nicht feststellbaren Zahl von Arbeitern der Faust und der Stirn in großen und kleinen Industriewerken, in Handwerksbetrieben und Büros Brot und Lohn gegeben hat. Einen Begriff vom Umfang der Arbeiten geben ungefähr die folgende Zahlen: 60000 Arbeitstagewerke sind verbraucht, rund 2600000 Kubikmeter Boden bewegt und rund 11800 Tonnen Eisen und Stahl sowie 48000 Kubikmeter Beton in die Brücken und sonstigen Bauwerke hineingebaut worden. Auch unter dem Gesichtspunkt der Arbeitsbeschaffung muß hiernach die Bedeutung des nun fertiggestellten Rügendamms gewertet werden. Der Bau dieses Riesenwerkes hat allenthalben in der Presse, nicht nur in der deutschen, sondern auch in der schwedischen, stärkste Beachtung und Würdigung gefunden. Ueber den Fortgang der Arbeiten hat sie eingehend berichtet, alle Bauzustände und Bauverfahren mit ihren Betrachtungen und Lobeserhebungen über die deutsche Technik begleitet. So hieß es z. B. in einem Artikel in Svenska Dagbladet Snällposten vom 2. Juni 1935: „Die 53 m lange und 3,8 m hohe Klappbrücke ist die größte geschweißte Brückenkonstruktion dieser Art in der Welt. Nicht einmal Amerika, wo doch sonst alles ‚biggest in the world' sein muß, hat etwas Aehnliches aufzuweisen." Ganz besonders werden in der schwedischen Presse die Zeitgewinne hervorgehoben, die für den Personen- und Güterverkehr über Berlin und Hamburg hinaus nach allen Richtungen sich durch diese feste Verbindung ergeben.

Aus: Stralsund. Führer durch die Nikolaikirche, 1929

Der St. Nikolaikirche war bisher ein günstiges Geschick beschieden, und die Häuschen, die sich schutzsuchend an sie drängten wie Kücklein zu einer Glucke, standen in sicherer Hut. Aus großen Feuersbrünsten und schweren Kriegsstürmen ist sie fast unversehrt hervorgegangen. Ein besonderes Glück war es, daß der Plan aus dem Jahre 1892, sie ebenso freizulegen wie die Marienkirche, sie herauszuschälen aus ihrer vertrauensseligen Umgebung, nicht zur Ausführung gekommen ist. So ist das wundervolle monumentale Kirchenbild in seinem kulturgeschichtlich und künstlerisch wertvollen Rahmen geblieben ... Wir nehmen Platz auf einer Kirchenbank. In der Geborgenheit der mächtigen Kirche durchrieseln den Einsamen Ewigkeitsschauer wie bei dem Eintritt in das Schweigen des deutschen Hochwaldes, des unvergänglichen Naturvorbildes gotischer Baukunst. Und in der Gemeinschaft der Andächtigen beim Gottesdienst hilft der harmonische, herzverstärkende Raumeindruck über die Sorgen des Alltags hinweg. Das Auge wird in die Höhe und in die Raumtiefe gezwungen, und es findet Ruhepunkte an den starken Pfeilern und breiten Mauerflächen. Es strebt himmelwärts und fühlt gleichzeitig in der Kraft der Einzelteile den überwundenen Erdendruck ... Das Innere prangte frühzeitig in leuchtenden Farben, und von Jahr zu Jahr häufte sich der plastische Schmuck in einer Fülle, wie wir sie uns heute kaum noch vorstellen können. Der Gottesdienst beherrschte das ganze Fühlen und Denken der mittelalterlichen Menschen, und das Gotteshaus war für sie der Inbegriff alles Schönen und Erhabenen, die Stätte die immer festlicher zu schmücken, sie nicht müde wurden. Leider sind die meisten der einzigartigen Zierden, die der fromme Sinn jener Zeit der Kirche schenkte, von späteren Geschlechtern verstümmelt oder vernichtet worden. Besonders die blindwütigen Bilderstürmer in der Reformationszeit 1525 haben fast ein halbes Hundert unersetzlicher Holzbilder zertrümmert oder fortgeschafft, und was ihnen wieder abgenommen werden konnte wurde Befehl des Rates vergraben, „damit nicht mehr Abgötterei betrieben werde“ ... Das ist das besondere Glück der Nikolaikirche, daß ihr vor allen pommerschen Kirchen zu teil wurde, das verleiht ihr besonderen Wert, daß ihre gotischen Wandmalereien um 1900 wieder freigelegt wurden.

Aus: Rügen, Stralsund, Greifswald, Stettin Mit Angaben für Automobilisten, Reiseführer, Grieben-Verlag Berlin 1930

Stralsund, 43750 Einwohner, liegt rings vom Wasser umgeben. Mit dem Festland durch fünf Dämme verbunden, am Strelasund, einer 3 km breiten Meerenge, welche die Insel vom Festland trennt und die kleine befestigte Insel Dänholm (vor dem Frankentor) umschließt. Stralsund ist Hauptstadt eines Regierungsbezirks und der bedeutendste Handelsplatz in Neuvorpommern. Seine Industrie umfaßt Maschinen- und Spielkartenfabriken, Schiffswerften Ölmühlen, Fischräuchereien. Von besonderer Bedeutung ist es als Durchgangspunkt für den Bäderverkehr nach Rügen und Hiddensee sowie für den Überseeverkehr nach Schweden und Norwegen.

Unter Ausflüge von Stralsund: Mit Autobus (nur im Sommer; ab Heilgeist-Kirche stündlich von 10 Uhr an, hin und zurück 1 M) oder Dampfer (ab Hafen-Fischbrücke mehrmals täglich gin und zurück 50 Pf) oder zu Fuß (1 1/2 Stunden am Strand entlang) nach Devin (H. und Kurhaus Devin, mitten im großen Laubpark, 2 min vom Strand, geschützte Lage, eigene Land- und Milchwirtschaft; H. Gleß, 25 Z., Rest., Garten. – Privatwohnungen), kleines Fischerdorf und einfaches Seebad (kalte und warme Seebäder, Familienbad, geöffnet 7-12 und 14-21 Uhr); in dem 20 Morgen großen alten Park das Kurhaus, Sandstrand und Strandpromenade an dem bewaldeten Steilufer,

Aus: Karl von Rosen, Schill-Denkmale von Stralsund, Stralsund 1863

Schills Tod ist wie der Abschluß so auch der Gipfel seiner Heldenlaufbahn, so waghalsig und tollkühn sein Unternehmen immer sein mochte, so anscheinend zwecklos, so traurig, verlassen und jammervoll er gefallen ist; er ist auf dem Bette der Ehren, er ist für sein Vaterland gestorben: darum ist es nicht mehr wie gerecht, daß sein Todesplatz und auch diejenige Stelle würdig bezeichnet werde, wo sein glühendes begeisterungsvolles Herz nun schon über ein halbes Jahrhundert von soviel inneren und äußeren Kämpfen ausruht. An beiden Stätten sind die seinem Andenken geweihten Male jüngst vollendet worden. Schon manches Jahr ist vergangen seit dem Tage, da einige Männer unserer Stadt, welche die gänzliche Verschollenheit, darin die Erinnerung an Schill zu sinken begann, nicht länger ertragen konnten, sich zusammenthaten, um wenigstens sein Grab aufzusuchen und es durch eine einfache Bezeichnung vor völliger Vergessenheit zu bewahren. Sie fanden, da der Todtengräber noch lebte, leicht die Stätte, ließen einen Rasenhügel darüber aufrichten und schmückten ihn am Fußende mit einer einfachen Tafel, deren Inschrift in sinnig gewählten Worten das Wesen Desjenigen aussprach, der darunter schläft: „Magna voluisse magnum“ … Der im verflossenen Frühjahr aufgestellte Schmuck der Grabstätte hat jenes ältere, in seiner Einfachheit so herzbewegende Erinnerungsmal nicht verdrängt … Das neue Denkmal besteht in einem gewaltigen, sehr überhöhten Granitblock, viereckig behauen, oben sanft abgerundet … Der Schmuck des Todesplatzes unweit des sogenannten Schill-Soods in der Fährstraße ist erst im Spätherbste des vergangenen Jahres vollendet worden, es ist künstlerisch gesehen, noch besser gelungen, als der der Grabstätte … Es zeigt dasselbe in einem durch Inschriften und leicht verzierte Ränder eingefassten und abgeschlossenem Runde das Bildniß Schills etwa bis zur Hälfte der Brust herab, vollaus nach vorne und auf die Stelle, wo er fiel, hinabblickend … Ein von Trauer sich nahender Ernst liegt auf den Zügen, die trotz allen charakteristischen und individuellen Lebens vom Künstler zur edelsten Mannesschönheit emporgeläutert wird.

Aus: Erinnerungen an D. Joh. Heinr. Sam. Piper, Stralsund 1861

Am Michaelistage des Jahres 1800 zog der junge Lehrer in die Stadt ein, die 58 Jahre hindurch der Schauplatz seines zwar anspruchslosen, doch gesegneten Wirkens, seines Familienglücks und endlich seines stillen heitren Lebensabends werden sollte ... Wenige Tage nach seinem Einzuge wurde die erste öffentliche Bürgerschule Stralsunds für Knaben und Mädchen unter dem Namen einer Industrie-Schule feierlich eingeweiht und eröffnet; zwei Lehrern und einer Lehrerin, zu der später noch eine zweite kam, ward Unterweisung und Erziehung anvertraut ... Es war ein heißer, mühevoller Tag, der mit dem Beginn der neuen Schule für unsern Piper heraufzog. Er ist aber in seinem Berufe treu gewesen wie wenige. Außer dem öffentlichen Unterrichte ertheilte er einer großen Anzahl von Söhnen und Töchtern aus den ersten Ständen der Stadt den Privat-Unterricht. Dazu hatte er eine Pensions-Anstalt von mindestens acht Gymnasiasten eingerichtet, zu welcher die mit ihm gezogenen Rügenschen Schüler den Kern bildeten ... Nachdem die Industrie-Schule über ein Vierteljahrhundert unter selbstständiger, fast alleiniger Leitung ihres ersten Lehrers in Segen bestanden, und er seine besten Kräfte daran gegeben hatte, breitete sich das Volksschulwesen in weiteren Zweigen aus. Es traten mehrere Lehrer aus dem Stettiner Volksschullehrer-Seminar hier ein ... Seine theure Anstalt ward mit andern neu errichteten in Eine Sphäre gezogen, die Schüler wurden aus den untersten Schichten entnommen; der alternde Lehrer stand mit seinem wissenschaftlichen Bildungsgange vereinzelt unter seinen Genossen ... So trat er in seinem 65sten Lebens- und seinem 34sten Dienstjahre in den wohlverdienten Ruhestand.

BIOGRAFIEN AUSGEWÄHLTER PERSONEN

LAMBERT STEINWICH

Lambert Steinwich wurde 1571 als Sohn eines Rechtsgelehrten geboren. Er wurde selbst Jurist und trat 1600 in die Dienste der Hansestadt Stralsund. 16 Jahre später wurde Steinwich zum Bürgermeister der Sundstadt ernannt. Er blieb der Stadt bis zu seinem tragischen Pesttod im Jahre 1629 treu. Dabei hätte Steinwich anderweitig eine steile Karriere machen können, doch er schlug sogar das Amt des Generalsyndikus der Hanse aus. Steinwich war zweimal verheiratet. Seine erste Frau Anna Klinkow, Tochter des Stralsunder Ratsherrn Balzer Klinkow, starb bereits 1614. Drei Jahre später heiratete Steinwich in die Greifswalder Oberschicht ein. Er ehelichte Regina Völschow, eine Nichte des Greifswalder Bürgermeisters Martin Völschow und Enkelin des gleichnamigen Ratsherrn der Stadt am Ryck.

Es war also ein Düsseldorfer, der 1627/28 die Weichen in der Stralsund Richtung Schweden stellte. Offiziell verhandelte Steinwich mit den Kaiserlichen, die die Stadt bereits belagerten. Doch insgeheim hatte er bereits mit den Feinden Wallensteins und des Kaisers, mit den Dänen und Schweden, Absprachen getroffen, die sich auf den Dreißigjährigen Krieg auswirken sollten. Mit der Unterzeichnung des Allianzvertrages mitten im Krieg gab Stralsund seine faktische Unabhängigkeit auf und verpflichtete sich den Schweden. Bis zum Fall Napoléons 1815 sollte in Stralsund die Regierung der Nordländer dauern. Steinwich hatte gute Gründe für den Schritt Richtung Schweden. Denn der Rat der Hansestadt hatte zuvor erfolglos versucht, die Belagerung der pommerschen Seestadt und eine Einquartierung kaiserlicher Truppen abzuwenden. Allerdings stellten gerade die Schweden Bedingungen für ihre Unterstützung, die Stralsund an das Königreich im Norden banden. Schwedens König Gustav II. Adolf unterzeichnete den Allianzvertrag erst am 22. Juli 1628 eigenhändig. Damit erhielt sein Reich rechtlich abgesichert den Zugang zu diesem Teil Deutschlands. Interessanterweise hatte die Stadt den Vertrag bereits 1627 unterschrieben. Gesandte der Stadt waren dem König monatelang hinterher gereist, um die Unterschrift des Monarchen zu erlangen.

MATTHIAS KIENAST

Der Stralsunder Pastor an St. Marien, Matthias Kienast, war nicht nur am Seelenheil seiner Schäfchen interessiert. Der Theologe förderte intensiv die Anwendung von Heilwässern. Zunächst einmal in dem schon im Mittelalter berühmten pommerschen Wallfahrtsort Kenz bei Barth. Er besuchte den Ort, betrieb am Ende des 17. Jahrhunderts hier Studien und warb wortreich und mit Erfolg für eine neue Glanzzeit von Kenz als Kurort. Er ließ das Wasser untersuchen und fand dessen Heilkraft bestätigt. 1700 entdeckte Kienast vor Stralsund, in der heutigen Brunnenaue, eine Quelle. Die Qualität sollte der des Kenzer Wassers gleichen. Ein Jahr später nutzten schon 131 Menschen das Wasser des Gesundbrunnens. 1705 erschien seine Schrift „Die heilende Hand des allmächtigen Schöpfers in dem alten Brunn auff dem Knieps-Damm zu Stralsund." Kienast versprach bei innerer und äußerer Anwendung Heilung von Krankheiten aller Art. Der Pastor stieg selbst ins heilkräftige Wasser. „Am 12. May 1704, beim Anfang meines Badens, auch ferner hab ich verspüret ein Beißen äußerlich am Leibe, mir kams nicht anders für, als wenn spitze Nadeln mir in die Haut fuhren, an den Orten welche das Wasser tingierte. Ich gedachte hiebei an Pyrmont und an die Rede eines führnehmen Theologie, der oft Pyrmont besucht."

Kienasts Werbung war erfolgreich. Stralsunder tranken das Wasser und transportierten es in ihre Häuser, um darin zu baden. Der Badepastor starb 1711. In den folgenden Jahrzehnten wechselten Phasen des Niedergangs und der Blüte. Spätere Analysen zeigten, dass Kienasts vollmundige Ankündigungen und Vergleiche mit Bad Pyrmont naturwissenschaftlich nicht begründbar waren.

BERTRAM WULFLAM

Bertram Wulflam, Spross einer Kaufmannsfamilie, hat fast drei Jahrzehnte die Geschicke seiner Heimatstadt gelenkt. 1362 wurde er in den Stralsunder Rat gewählt. Schon zwei Jahre später folgte die Ernennung zum Bürgermeister. Der fähige Kaufmann erwarb rasch ein bedeutendes Vermögen. In einer Zeit, in der die gesamte Hanse sehr erfolgreich war. Auch als Politiker und Diplomat war Wulflam für Stralsund und den Städtebund aktiv. Von 1361 bis 1370 nahm er als Vertreter seiner Stadt an 33 Hansetagen teil. Der Lübecker Bürgermeister Jakob Pleskow und Bertram Wulflam gelten als die bedeutendsten Politiker des Städtebundes im 14. Jahrhundert. 1367 beschloss der Hansetag in Köln eine Konföderation, ein Bündnis gegen den Dänenkönig Waldemar IV. Atterdag. Sie war zunächst auf drei Jahre befristet. Bereits zuvor hatte Wulflam eine entscheidende Rolle bei den Auseinandersetzungen mit den Dänen gespielt. Diese hatten 1361 mit der Missachtung hansischer Privilegien durch den dänischen König begonnen. Krieg war die Folge. 1370 besiegelte der in Stralsund unterzeichnete Frieden den Triumph der Verbündeten über die Dänen. Die Hanse befand sich auf dem Höhepunkt ihrer Macht. Pleskow und Wulflam ließen sich vom Sieg über ihren Gegner nicht hinreißen, sondern bewahrten Vernunft. Sie setzten nach

1370 auf Frieden als Grundlage von Handel und Wohlstand. Ansehen und Reichtum Stralsunds waren durch Wulflams politische Erfolge gewachsen. Die Stadt am Sund war um 1380 nach Lübeck die mächtigste und reichste Stadt der Hanse.

Allerdings sank Wulflams Stern in der Folgezeit wegen sozialer Probleme und wegen des teuren, aber wenig erfolgreichen Kampfes seines Sohnes Wulf gegen die Piraten in den Jahren 1385/86. 1391 wurde Karsten Sarnow nach einem erfolgreichen Kampf gegen die Seeräuber zum Bürgermeister gewählt. Er konnte eine neue Ratsverfassung durchsetzen, die beispielsweise durch die Wahl von Altermännern der Bürgerschaft mehr Einfluss, vor allem auf die Entscheidung über die Stadtfinanzen gab. Wulflam sollte Rechenschaft über die städtische Ausgaben und Einnahmen, die in seiner Verantwortung standen, ablegen. Doch flüchtete der Bürgermeister lieber mit seiner Familie nach Lübeck. Der greise Wulflam fand Rückhalt bei den anderen Hansestädten. Anfang 1393 rief der Rat der Stadt daher Bertram Wulflam und seine Familie zurück. Der Sarg des kurz zuvor verstorbenen Stadtoberhaupts wurde von seinem Sohn Wulf auf dessen Bürgermeisterstuhl gestellt, ehe er beerdigt wurde. Der Legende nach wurde der Sarg sogar geöffnet und die Leiche auf den Ratsstuhl gesetzt. 1397 wurde Wulf Wulflam, dessen diplomatisches Geschick dem seines Vaters in nichts nachstand, zum Bürgermeister.

AXEL VON LÖWEN

Der 1686 auf Gut Öbysholm geborene Axel von Löwen war ein erfolgreicher Militär im Dienste des Schwedenkönigs Karl XII. Der aus einer einflussreichen Familie stammende Freiherr war zwei Mal verheiratet. In zweiter Ehe war er ab 1735 mit Eva Horn af Ekebyholm, der Tochter eines Reichsrates und Kanzleipräsidenten, verbunden. Das erwies sich als vorteilhaft für die politische Karriere Axels von Löwen. 1747 wurde er als Nachfolger Johan August Meyerfeldts Generalgouverneur von Schwedisch-Pommern. Seine prächtige Residenz, das Palais Ecke Ossenreyer-/Heilgeiststraße, wurde leider beim Bombenangriff 1944 zerstört. 1755 erwarb der Generalgouverneur das Gut Groß Schoritz auf Rügen. Von Löwen wurde 1766 vom Dienst suspendiert. Sein Nachfolger war Hans Henrik von Liewen der Jüngere. Der inzwischen 80-Jährige blieb in Stralsund. Er starb 1772 in der Sundstadt und wurde in der Nikolaikirche beerdigt. 1776 wurde seine Leiche nach Schweden überführt.

Der Generalgouverneur ist bis heute in der Stralsund präsent, da er ein großer Mäzen und Kunstkenner war. Seine Privatbibliothek ist außerordentlich wertvoll. Über 6000 Reichstaler ließ er sich den Ankauf von Druckwerken kosten. Seine Sammlung umfasste aber nicht nur Bücher, sondern vieles mehr. 1761 vermachte der Generalgouverneur diesen „Schatz" Stralsund, worüber die Familie gar nicht begeistert war. Die Sammlungen waren höchst beeindruckend. Laut Inventar von 1795 gehörten dazu mehrere Tausend Stücke, so etwa 1400 Bücher, 195 Gemälde und Graphiken, Fayencen, Münzen, Waffen sowie viele nautische und astronomische Instrumente. Prunkstücke sind die bis zu 6,20 m langen Auszugsfernrohre aus der Zeit um 1700. Zu den wertvollen Einzelstücken zählt ein seltenes Globenpaar aus der Werkstatt von Gerhard und Leonhard Valk aus dem Jahre 1715. Ausgewählte Stücke der Sammlung zeigt das Stralsund Museum im früheren Katharinenkloster in zwei Räumen. Die noch vorhandenen Bücher der Sammlung Löwen sind im Bestand des Stadtarchivs. Ursprünglich wurde diese wertvolle Sammlung im Prunksaal des Rathauses ausgestellt. Daher trägt dieser auch der Name Löwenscher Saal.

BARTHOLOMÄUS SASTROW

Der Greifswalder Kaufmannssohn Bartholomäus Sastrow verdankt seinen Nachruhm dem Greifswalder Professor Gottlieb Mohnike. Er gab 1823/24 dessen viel gelobte Autobiographie in drei Bänden heraus. Sastrow wurde 1520 geboren, neun Jahre später siedelte er an den Sund über, wo bereits ein Großteil seiner Familie lebte. Ab 1538 studierte der junge Mann zunächst in Rostock und dann in Greifswald die Rechte, erlangte aber wegen politischer und persönlicher Probleme seines Vaters keinen Abschluss. Trotzdem erhielt er 1542 auf Empfehlung Luthers und Melanchthons, die seinen Bruder Johann kannten und schätzten, eine Stelle als Schreiber am Reichskammergericht in Speyer. 1544 wurde Sastrow kaiserlicher Notar. Der Kaufmannssohn muss ein fähiger Kopf gewesen sein, denn ihm wurden lukrative Posten angeboten. Er trat schließlich in die Dienste Philipps I., Herzog von Pommern-Wolgast, und Barnims IX., Herzog von Pommern-Stettin. 1548 wurde Sastrow pommerscher Geschäftsträger beim Reichskammergericht in Speyer. Drei Jahre später kehrte er nach Greifswald zurück, wurde aber 1555 mit höherem Gehalt nach Stralsund als erster Stadtsekretär, Protonotarius, abgeworben. 1562 in den Rat gewählt, avancierte er mit 58 Jahren zum Bürgermeister. Das Amt übte er bis zu seinem Tod 1603 aus. Seinen Ruhm verdankt Sastrow seiner Autobiographie, die er 1595 verfasste und die sich im Besitz des Stralsunder Stadtarchivs befindet. Drei Bände existieren, ein vierter gilt als verschollen. Vermutlich haben Sastrows Erben diesen vernichtet, da er die Zeit Sastrows als Stralsunds Bürgermeister zum Inhalt hatte. Dank zahlreicher abgedruckter Dokumente ist diese Autobiografie auch eine interessante Quelle zur Geschichte des Heiligen Römischen Reiches Deutscher Nation.

Die Landschaft und die Menschen an der Küste haben Elisabeth Büchsel fasziniert und inspiriert. Das Werk der „Hiddenseemalerin“ (1867–1957) ist auch über 50 Jahre nach ihrem Tod in Stralsund sehr populär. Die Ausstellung „Hundertmal Büchsel“ im Stralsund Museum der Hansestadt 2014 war ein Publikumsmagnet.

Geboren wurde die Künstlerin in Stralsund in einer wohlhabenden Familie. Ihr Vater war der Altermann der Gewandschneider-Compagnie Ernst Gotthilf Felix Büchsel. Der war allerdings nicht begeistert, als eines seiner sechs Kinder Malerin werden wollte. Elisabeth Büchsels Talent hatte schon der Zeichenlehrer an der Schule entdeckt. Bei ihm nahm sie den ersten Unterricht. Die junge Frau ließ sich vom Widerstand der Eltern nicht beirren und ging 1888, als sie volljährig geworden war, nach Berlin, um zu lernen. Die Eltern fanden sich schließlich mit dem Wunsch ihrer Tochter ab und nach dem Tod des Vaters im Jahre 1911 garantierte ihr das Erbe finanzielle Unabhängigkeit. Büchsel war alles andere als provinziell. Sie ließ sich in Berlin ausbilden und besuchte mehrfach die Zeichenschule des Vereins Berliner Künstlerinnen. Büchsel reiste nach Rom und Paris, wurde darum „Reisetante“ genannt. Sie blieb aber immer der pommerschen Heimat verbunden. Die Stralsunderin war am Sund als Porträtistin und Zeichenlehrerin gefragt. Büchsels Atelierwohnung befand sich zuletzt im „Schloss am Sund“ mit dem fantastischen Wasserblick. Jahrzehntelang hielt sich die Künstlerin im Sommer auf Hiddensee auf. Im Sommer 1904 hatte sie das „Söte Länneken“ für sich entdeckt. Büchsel gewährte der Vitter Fischerfamilie Gau 1915 ein zinsloses Darlehen zur Errichtung eines Anbaus. Als Gegenleistung konnte sie mietfrei dort wohnen. Auf der Insel entstanden viele der bis heute populären Kinderporträts der kinderlos und unverheiratet gebliebenen

Malerin. Die Fischer, die herbe Landschaft und das Meer inspirierten das Schaffen der Stralsunderin. Sie war oft bei dem 1919 verstorbenen Maler Oskar Kruse (1847–1919), dem Schwager der berühmten Puppenmacherin Käthe Kruse (1883–1963), zu Gast. Die von ihm gebaute Lietzenburg war ein Künstlertreff. Die Ostseeinsel galt Anfang des 19. Jahrhunderts als Treff der künstlerischen Avantgarde der Hauptstadt, besaß aber Anziehungskraft weit über Berlin hinaus. Hiddensee war auch in der Weimarer Republik ein Magnet für Künstler. Büchsel trat dem 1919 von zehn Frauen gegründeten Bund der Hiddenseer Künstlerinnen bei, der in der „Blauen Scheune" in Vitte ausstellte. Zwei Jahre später bezeichnete ein Reiseführer „Tante Büchsel" als prominenteste Malerin der Insel. Büchsel verkehrte mit Geistesgrößen wie dem Schriftsteller Gerhart Hauptmann (1862–1946).

1937 ehrte das Stralsunder Museum die zurückgezogen lebende Künstlerin mit einer großen Ausstellung zum 70. Geburtstag. Prominente Mitglieder des Hiddenseer Künstlerinnenbundes wie Clara Arnheim (1865–1942), Henni Lehmann (1862–1937) und Käthe Löwenthal (1878–1942) wurden als Jüdinnen im Sinne der NS-Gesetze verfolgt. Noch einmal, und zwar 1957 zu ihrem 90. Ehrentag, kurz vor ihrem Tod, wurde Büchsel in Stralsund mit einer großen Ausstellung geehrt. Ihr Berliner Galerist Wieland Barthelmess meinte 1996, dass Büchsel zu den großen Künstlerinnen der Moderne gehöre.

INFORMATIONEN

Tourismuszentrale Stralsund

Alter Markt 9, 18439 Stralsund

Öffnungszeiten:

- November bis April:
  Mo – Fr 10 – 17 Uhr, Sa 10 – 14 Uhr
- Mai bis Oktober:
  Mo – Fr 10 – 18 Uhr, Sa 10 – 16 Uhr,
  Sonn- und Feiertage 10 – 14 Uhr

Kontakt:

Telefon: 03831/2469-0
Fax: 03831/2469-22
E-Mail: info@stralsundtourismus.de

Stralsund Museum im Dominikanerkloster St. Katharinen

Mönchstraße 25–27, 18439 Stralsund

Öffnungszeiten:

- täglich 10–17 Uhr
- 24. und 31. Dezember geschlossen

Kontakt: Telefon 03831/253617
Führungen sind nach vorheriger Anmeldung möglich

Stralsund Museum im Museumshaus

Mönchstraße 38, 18439 Stralsund

Öffnungszeiten:

- täglich 10–17 Uhr
- 24. und 31. Dezember geschlossen

Kontakt: Telefon 03831/253617
Führungen sind nach vorheriger Anmeldung möglich

Marinemuseum auf dem Dänholm

Sternschanze 7, 18439 Stralsund

Öffnungszeiten:

- Mai bis Oktober: täglich 10–17 Uhr

Kontakt: Telefon 03831/297327

Deutsches Museum für Meereskunde und Fischerei

Dominikanerkloster St. Katharinen
Katharinenberg 14–20, 18439 Stralsund

Öffnungszeiten:

- Juli bis September: Mo–So 10–17 Uhr
- Oktober bis Juni: Di – So 10–17 Uhr, Mo geschlossen
- 24. und 31. Dezember: geschlossen
- 1. Januar: 10–17 Uhr
- Ostermontag 2015: 10–17 Uhr
- Pfingstmontag 2015: 10–17 Uhr

Kontakt: Telefon 03831/2650210

Nautineum

Zum Kleinen Dänholm, 18439 Stralsund

Öffnungszeiten:

- November bis April: geschlossen
- Mai bis Oktober: 10 –16 Uhr

Kontakt: Telefon 03831/2650210

Ozeaneum

Hafenstraße 11, 18439 Stralsund

Öffnungszeiten:

- Juni bis September: 9:30–20 Uhr
- Oktober bis Mai: 9:30–18 Uhr
- 24. Dezember: geschlossen
- 31. Dezember: 10–15 Uhr

Schließzeiten können sich wegen Abendveranstaltungen verschieben.

Spielkartenfabrik

Katharinenberg 35, 18439 Stralsund

Öffnungszeiten:

- Mo–Fr 11–13 Uhr und 15–17 Uhr
- Jeder 1. Samstag im Monat: Linotype Demo von 11–16 Uhr

Kontakt: Telefon 03831/703360

Welterbeausstellung

Ossenreyerstraße 1, 18439 Stralsund

Öffnungszeiten:

- täglich 10–17 Uhr
- Do 16 Uhr Führung: Hackertscher Tapetensaal

Kontakt: Telefon 03831/252310

Skurrileum Museum für komische Kunst

Hafenstraße 7, 18439 Stralsund

Öffnungszeiten:

- September bis Juni 11–18 Uhr
- Juli bis August 10–19 Uhr

Kontakt: Telefon 0160/96262623

Stralsunder Zoo (mit Ackerbürgerhaus)

Barther Straße 57a, 18437 Stralsund

Öffnungszeiten:

- März bis Oktober 9–18:30 Uhr
- November bis Februar 10–16 Uhr
- 24. und 31. Dezember 10–14 Uhr

Kontakt:

Telefon: 03831/293033
Telefax: 03831/25253481

Ziegelgrabenbrücke

Öffnungszeiten:

- 05:20–05:40 Uhr
- 08:20–08:40 Uhr
- 12:20–12:40 Uhr
- 17:20–17:40 Uhr
- 21:30–21:50 Uhr

(Stand: März 2015)

KARTE ZUM HERAUSNEHMEN

KARTE FÜR DEN EINEN.
Lesezeichen für den Anderen.